125 TRUCS POUR MAIGRIR ET RESTER MINCE

Données de catalogage avant publication (Canada)

Marineau, Jean-Marie

    125 trucs pour maigrir et rester mince

    (Collection Alimentation)

    ISBN: 2-7640-0482-6

    1. Régimes amaigrissants. 2. Titre. 3. Titre: Cent vingt-cinq trucs pour maigrir et rester mince. 4. Collection.

RM222.2.M414 2001   613.2'5   C2001-940704-1

LES ÉDITIONS QUEBECOR
7, chemin Bates
Outremont (Québec)
H2V 1A6
Tél.: (514) 270-1746

© 2001, Les Éditions Quebecor
Bibliothèque nationale du Québec
Bibliothèque nationale du Canada

Éditeur: Jacques Simard
Coordonnatrice de la production: Dianne Rioux
Conception de la couverture: Bernard Langlois
Photo de la couverture: EyeWire

Nous reconnaissons l'aide financière du gouvernement du Canada par l'entremise du Programme d'Aide au Développement de l'Industrie de l'Édition pour nos activités d'édition.

Gouvernement du Québec – Programme de crédit d'impôt pour l'édition de livres – Gestion SODEC.

Dr Jean-Marie Marineau

125 TRUCS POUR MAIGRIR ET RESTER MINCE

LES ÉDITIONS
Quebecor

DU MÊME AUTEUR

Bonne chère, bonne santé, Éditions HMH, Montréal, 1972 (épuisé).

Manger pour maigrir (en collaboration), Les Publications Éclairs, Montréal, 1976.

Bien manger pour rester mince, Éditions HMH, Montréal, 1976.

Recettes de gourmets pour maigrir, seul ou avec l'aide de votre médecin (en collaboration). Éditions La Presse, Montréal, 1977; 1re réimpression: 1978; 2e réimpression: 1979.

Cellulite vaincue, Éditions Québecor, Montréal, 1981.

Remerciements

Je tiens à remercier mon épouse,
Francine, pour les conseils judicieux
qu'elle m'a donnés et pour
l'aide précieuse qu'elle m'a
apportée dans la révision et la
rédaction de ce livre. Je tiens
également à exprimer toute ma
gratitude à France Pomerleau pour
la collaboration constante qu'elle
m'a accordée.

À toutes les femmes et à tous les hommes qui désirent se sentir mieux dans leur peau.

Préface

Maigrir et rester mince...

Tout semble avoir été dit à ce sujet. Dans le monde entier ont déjà été publiés des travaux scientifiques traitant de l'excès de poids, de ses conséquences sur la santé, de son retentissement esthétique et psychologique sur l'individu.

Qu'il s'agisse d'un simple problème de cellulite localisée, d'une légère surchage pondérale ou d'une obésité gigantesque, les solutions passent toujours par une modification de l'hygiène alimentaire et d'éventuelles thérapeutiques qui visent à corriger, lorsqu'ils existent, les déséquilibres médicaux associés. Il est également important de corriger les facteurs aggravant une tendance au surpoids ou ayant déclanché une obésité, comme une vie professionnelle mal adaptée, un arrêt du sport, ou une modification hormonale, ménopause, puberté par exemple.

Chaque cas est donc un cas particulier dont la solution doit être adaptée à l'individu à un moment précis de sa vie, en sachant qu'en plus des difficultés propres à l'amaigrissement, le sujet éprouvera des difficultés à maintenir le résultat obtenu. Tout le monde connaît ces malheureux qui passent leur vie à maigrir et à grossir comme de véritables accordéons.

Le livre du docteur Jean-Marie Marineau est en quelque sorte la synthèse d'une expérience considérable: à la fois d'un médecin praticien et d'un observateur de ses semblables, tant sur le plan médical que sur le plan de leur comportement alimentaire particulier.

Il a pu juger sur plusieurs dizaines de milliers de cas des avantages et inconvénients des différentes techniques d'amaigrissement.

Familier de la diététique autant que de la gastronomie, il a su dans ses ouvrages précédents montrer que l'on pouvait maigrir et « manger bon ».

Plus que quiconque, il sait chez un individu ayant maigri, quels sont les moments où son équilibre pondéral peut être mis en péril (stress, changement de mode de vie, arrêt du tabac, arrêt du sport).

Il connaît aussi les conséquences fâcheuses de certains régimes déséquilibrés et de certains médicaments. Il est donc bien placé pour en dénoncer les méfaits.

Il est par ailleurs très conscient de tous les problèmes d'esthétique cutanés qui peuvent être aggravés par un amaigrissement mal conduit et ses conseils dans ce domaine sont très judicieux.

Dans cet ouvrage plein de sagesse, de compétence et d'humour, le docteur Jean-Marie Marineau livre le contenu de sa grande expérience. Le lecteur y trouvera des conseils précieux capables tout à la fois de transformer un amaigrissement fastidieux en un épisode plaisant de sa vie. Et au-delà de l'époque d'amaigrissement, ses conseils l'aideront à maintenir son poids en apportant le remède à toutes les occasions qui pourraient mettre en péril un équilibre chèrement acquis.

Docteur Marineau, merci. Vous avez fait oeuvre utile.

DOCTEUR F.-L DAUVILAIRE

Membre de la Société de nutrition
et de diététique de langue française.

Introduction

Maigrir est une chose formidable puisque ceux et celles qui ont réussi cet exploit ne cessent d'en apprécier les bienfaits. Maigrir, c'est avant tout déguster graduellement, patiemment et agréablement le plaisir de devenir mince. C'est se sentir bien dans sa peau et refléter la joie de vivre. C'est aussi, en un sens, une forme de réincarnation, puisque c'est recommencer à vivre avec un nouveau corps et une nouvelle façon de penser et de se comporter. Maigrir, c'est donc renaître. Enfin, maigrir c'est se surpasser et reconnaître la force et la puissance qui ont émergé du fond de nous-même et qui nous ont permis de réaliser une grande chose.

Rester mince est certes l'étape la plus difficile d'une cure d'amaigrissement, puisque ceux et celles qui y parviennent ne sont pas légion. Rester mince est presque un don des dieux. Tous les nutritionnistes sont d'accord sur ce point: «Ne pas réengraisser demeure une entreprise à la mesure des conquérants.»

Cependant, maigrir et rester mince est dorénavant chose possible puisque, avec les 125 trucs que je vous propose, vous aurez en main tous les instruments nécessaires à la réussite de votre projet. Je vous parlerai d'alimentation et d'entourage en passant par la gastronomie et bien d'autres sujets. Je m'attarderai sur le comportement et je terminerai en vous entretenant de l'élément le plus important d'une cure d'amaigrissement: le maintien du poids.

J'aimerais, avant même que vous ne commenciez la lecture de ce livre, vous féliciter par anticipation du résultat obtenu après avoir mis à profit mes 125 trucs et vous parler un peu de bonheur. C'est en effet une nouvelle vie qui commence puisque vous avez réussi à atteindre votre poids idéal. Efforcez-vous d'avoir une attitude positive à l'égard de la vie. Cultivez votre détermination, votre motivation et votre désir d'être mince. Organisez votre bonheur puisque personne ne le fera à votre place. Ne songez pas sans cesse aux raisons que vous avez d'être malheureux, mais plutôt à celles que vous avez d'être heureux; essayez de vivre dans la joie. Quand vous avez des ennuis, faites le point et efforcez-vous de trouver des solutions au lieu de compenser en mangeant. Cessez de vous tourmenter au sujet de choses pour lesquelles vous ne pouvez plus rien. Oubliez le passé, jouissez pleinement du présent et ne vous inquiétez pas outre mesure de l'avenir.

Avec mes 125 trucs, maigrir, c'est presque chose faite. Vous maigrirez en douceur, sans vous en rendre compte et vous vous maintiendrez au poids souhaité en toute sérénité. Commencez dès maintenant à découvrir mes trucs. Lisez-les souvent et relisez-les encore plus souvent lorsque vous aurez atteint votre but, car si maigrir est relativement facile, ne pas reprendre du poids est un engagement de tous les instants.

Je vous souhaite d'être mince à vie et d'être heureux pour toujours.

JEAN-MARIE MARINEAU, m.d.

1

Bien
se comporter
pour
bien
s'alimenter

Mangez à votre faim

C'est peut-être une vérité de La Palice que de dire « que l'on doive manger pour vivre », mais il ne faut pas non plus vivre uniquement pour manger. La vie, fort heureusement, a bien d'autres joies à nous offrir et bien d'autres cheminements à nous proposer pour accéder au bonheur.

Avant tout, on doit manger pour se restaurer et non pas seulement pour satisfaire ses sens. Bien sûr, l'organisme doit remplacer l'énergie qu'il a dépensée au cours de la journée et, pour se faire, absorber des aliments qui lui permettront de construire et de réparer ses tissus.

La loi de la *faim* consiste à satisfaire l'organisme pour les pertes qu'il a subies. Il est donc important, si on le peut, de manger à sa *faim*. Pour éviter tout ambiguïté, je dis bien qu'il faut manger « *à sa faim* » et non pas « *à son appétit* ». D'ailleurs, dans ce livre, je fais clairement la distinction entre la « *faim* » et « *l'appétit* ».

Tout ceci pour vous dire que si vous avez décidé de maigrir et aussi de conserver le poids que vous visez, *vous devez manger à votre faim,* et cela pour bien des raisons:

1. Vous avez suffisamment d'une frustration, c'est-à-dire celle de vous sentir mal dans votre peau, sans en ajouter une deuxième qui est celle de crever de *faim.*

2. Il faut que vous perdiez le sentiment punitif que vous procurent certains régimes et qui consiste à vous faire croire que pour maigrir il faille absolument mourir de *faim.*

3. Vous devez satisfaire votre *faim,* sinon vous balancerez votre régime par-dessus bord en peu de temps.

4. Il ne faut pas que vous restiez sur votre *faim* puisque cette sensation désagréable pourrait devenir rapidement une source d'agressivité.

Il est possible de s'alimenter sans engraisser tout en appréciant les plaisirs de la table[1] et tout en mangeant sainement et de façon équilibrée des viandes, des poissons, des fromages, des oeufs, des céréales, des yogourts, des légumes et des fruits.

Mangez donc à votre faim sans crainte de grossir.

Mangez « à votre faim », non pas « à votre appétit »

Au fait, pourquoi mangeons-nous? Dans l'optique du biologiste, nous mangeons pour assurer la survie de notre organisme, pour compenser les pertes quotidiennes d'énergie, pour faire en sorte que notre corps soit en mesure de fonctionner, de se reproduire, de perpétuer la vie qui est en lui. En définitive, le but immédiat de la vie est la vie elle-même. « La vie a envie de vivre » comme le disait si bien le grand nutritionniste Jean Trémolières.

L'animal, dit-on, n'est pas intelligent, mais parfois son comportement fait l'envie de bien des humains. En effet, lorsqu'il est repu, il s'arrête spontanément de manger tandis que l'homme, avec l'intelligence qu'on lui connaît, peut se permettre de manger au-delà de sa faim. À cause de l'intelligence de l'homme, nous devons maintenant parler d'appétit. Une question vient sûrement à votre esprit: la faim est-elle synonyme d'appétit? Il existe de gros, de moyens et de petits appétits. Pourquoi? Nous essaierons de répondre à toutes ces questions.

---

1. Voir mes ouvrages précédents: *Bien manger pour rester mince*, Éditions HMH, 1976; *Recettes de gourmets pour maigrir, seul ou avec l'aide de votre médecin*, Éditions La Presse, 1977.

La faim est avant tout un besoin organique et il est facile de comprendre qu'elle est aussi un phénomène primitif puisque les animaux ont faim. On la définit comme une sensation négative, douloureuse, d'inassouvissement; comme une nécessité de prendre des aliments. La faim est liée à une sensation de vide dans l'estomac pouvant s'accompagner, si elle n'est pas satisfaite, d'un malaise général, d'une sensation de faiblesse, de défaillance et de maux de tête. Elle est le cri impératif de l'organisme en état de carence. En d'autres mots, votre corps vous demande de renouveler ses forces. La faim est donc naturelle. Elle est en définitive un besoin physiologique normal contre lequel on ne peut que difficilement s'opposer. Acceptez donc la faim non pas comme un ennemi de votre taille, mais comme un ami de votre santé et de votre équilibre.

L'appétit est une envie et non un besoin, quelque chose d'agréable et non de pénible. Il est plaisir et le désir de manger. Il s'accompagne généralement d'un besoin d'aliments, mais peut en être indépendant. L'appétit peut être influencé par plusieurs facteurs: le mode de préparation et de présentation des mets, l'emploi des condiments, l'ambiance qui règne au cours du repas et la présence des convives.

L'abstention de tout aliment (surtout de sucreries) entre les repas, la régularité et l'équilibre de ceux-ci ont une influence certaine sur l'appétit. Les mangeurs d'hydrates de carbone (pain, pâtes, pâtisseries, desserts riches et sucreries) et ceux qui mangent relativement peu de protéines (viande, poisson, oeufs, fromages, lait) ont un gros appétit et grignotent durant toute la journée.

L'appétit est souvent la recherche d'un plaisir qui n'est sûrement pas d'ordre vital, mais qui s'exprime par le désir de manger quelque chose qui nous attire et qui nous plaît.

Si nous mangeons au-delà de notre faim, pourquoi le faisons-nous? Le comportement alimentaire de l'être humain demeure un phénomène éminemment complexe où d'innombrables facteurs sensoriels, affectifs, émotionnels et sociaux entrent en ligne de compte.

Idéalement, pour ne pas grossir, l'appétit devrait correspondre à la faim. En définitive, la faim est faite pour conserver la vie tandis que l'appétit l'est pour flatter nos sens. Il appartient à chacun de ne pas devenir esclave de ses sens.

Trompez votre faim

A aucun moment de votre régime vous ne devriez avoir faim, car lorsqu'une ration alimentaire est bien équilibrée, cette sensation n'a pas sa raison d'être. De plus, avec les moyens dont la science médicale dispose actuellement, il est anormal qu'une personne consentant à suivre un régime amaigrissant puisse souffrir de la faim. Les kilos en trop demeurent une frustration suffisamment importante pour qu'on n'en ajoute pas une deuxième qui serait provoquée par la souffrance que cause la faim. Si, pour une raison ou pour une autre, une envie irrésistible se fait sentir, il convient d'utiliser certains trucs pour l'apaiser. Si vous avez des fringales en dehors des repas, il faudra vous méfier des petites gourmandises: biscuits secs, crème glacée, gâteaux, brioches, etc.

Nous le savons maintenant depuis plusieurs années, les poudres animales et végétales enlèvent complètement la faim au cours d'un jeûne protéiné. Mais pour les gens désireux de suivre un régime à perte lente, existe-t-il des moyens de tromper la faim? Oui, heureusement, et les voici:

1. Il s'agit, au début des deux repas principaux, de manger une immense salade composée de plusieurs légumes pauvres en calories (laitue, céleri, concombre, chou, radis). Ces légumes contiennent beaucoup de cellulose, laquelle a pour effet de donner une sensation de plénitude à l'estomac.

2. Les protéines enlèvent la faim. Il s'agit donc d'en manger aux trois repas. Alors, le matin, le midi et le

soir, il ne faut jamais oublier de manger soit de la viande, soit du poisson, soit des oeufs, du fromage ou des laitages.

3. Pour éviter d'avoir faim, il ne faut jamais passer de repas. En effet, l'omission d'un repas amène, au cours de la journée, une hypoglycémie (chute du sucre dans le sang) qui provoque un déclenchement de la faim orienté surtout vers les aliments sucrés.

4. Pour ne pas avoir faim, il faut éviter les sucres raffinés, qui stimulent le pancréas à fabriquer un surplus d'insuline, provoquant ainsi une hypoglycémie.

5. L'eau, c'est bien connu, a un effet épurateur, mais en aidant à diminuer les contractions de l'estomac, elle demeure en certaines occasions un excellent coupe-faim.

6. Si jamais la faim vous tenaillait entre les repas, voici une liste d'aliments sur lesquels vous pouvez compter, tout au cours de la journée, et qui l'apaiseront sans vous faire engraisser. Ayez-en toujours deux ou trois sous la main:

- des cornichons non sucrés
- des lanières de piment
- de la laitue assaisonnée de fines herbes et arrosée de jus de citron
- des branches de céleri
- des tomates
- des radis
- des morceaux de concombre
- des carottes râpées
- un morceau de fromage maigre
- un yogourt nature
- un oeuf dur
- un morceau de viande froide

Évitez l'hormone
qui donne la faim

Rompez l'éternel cercle vicieux et vous n'aurez plus faim. Cette faim qui vous hante, qui vous tiraille et qui vous déchire l'estomac sera alors contrôlée par vous-même, par vos propres moyens, sans l'apport de facteurs extérieurs qui seraient néfastes pour votre santé et qu'on appelle les «coupe-faim» chimiques. Ces substances ont pour but de déprimer le centre de l'appétit pour permettre de diminuer votre ration quotidienne en calories. Tout va assez bien jusqu'au moment où vous atteignez votre poids idéal. Mais voilà, la partie est loin d'être gagnée, elle est même perdue. Si vous essayez de vous opposer pendant plusieurs semaines ou plusieurs mois à un phénomène naturel qui, en l'occurrence, s'appelle la faim, vous aurez la désagréable surprise de voir ce même phénomène redevenir naturel et vous reprendrez tous les kilos que vous aurez perdus. Tous vos efforts auront été vains et vous réengraisserez pour la $n^{ième}$ fois.

Pour contrôler votre faim, il suffit tout simplement de réduire les hydrates de carbone. En effet, l'apport exagéré en sucres, surtout raffinés, provoque une rapide décharge d'insuline qui favorise leur stockage sous forme de triglycérides (graisses). À cause des sucres raffinés, le pancréas a toujours tendance à sécréter plus d'insuline qu'il n'en faut pour brûler le sucre que l'on a mangé. L'insuline fabriquée en trop brûlera donc le sucre qui vous appartient et réduira d'autant votre taux sanguin de glucose (sucre), entraînant ainsi une sensation de faim. Cette faim se manifestera surtout en faveur des sucres à absorption rapide, c'est-à-dire qui sont immédiatement utilisables par l'organisme (sucre blanc, confitures, miel, sirop d'érable, bonbons, chocolat, pâtisseries, boissons gazeuses, etc.). Le cercle vicieux ainsi amorcé vous obligera à tricher et à grignoter constamment.

Le sucre, je ne vous apprends rien, est indispensable à l'organisme, en particulier aux cellules nerveuses.

Il faut donc le réduire sans le supprimer complètement. Mais ce que les gens ignorent, c'est qu'on trouve suffisamment de sucre dans les fruits et les légumes pour combler les besoins quotidiens de notre organisme. Donc, durant les semaines et les mois de régime qui seront nécessaires pour atteindre votre poids idéal, il sera important d'exclure totalement tous les sucres à absorption rapide. Quant aux sucres à absorption lente, c'est-à-dire ceux qui doivent subir certaines transformations avant d'être utilisables (pain, biscottes, grissols, pâtes, pommes de terre et certains autres légumes), vous en ferez une consommation prudente ou vous laisserez à votre médecin et à son équipe le soin d'en supprimer les plus nuisibles.

Cette réduction des hydrates de carbone, en plus d'être bénéfique pour votre santé, diminuera sensiblement votre appétit dès les premiers jours de votre cure et facilitera ainsi votre tâche.

Protégez votre corps avec les protéines

Faites en sorte que l'on ne vous dise pas que vous avez vieilli de dix ans. Seul un régime riche en protéines est en mesure de vous aider à maigrir en beauté puisqu'il conservera votre corps ferme, votre peau lisse et élastique et votre visage intact. N'oublions pas que les gens qui maigrissent en suivant un régime équilibré et riche en protéines rajeunissent d'au moins dix ans une fois qu'ils ont atteint leur poids idéal.

Évitez donc tous les régimes à la mode qui vous feront peut-être perdre des kilos mais pas nécessairement de la graisse et qui vous feront royalement grossir à nouveau en l'espace de quelques semaines. Il est en effet prouvé que si votre régime amaigrissant ne contient pas au moins 100 g de protéines dans votre ration quotidienne, cela ne vous empêchera pas de maigrir, mais que vous perdrez autant de muscles que de graisse. Or votre organisme ne vous permettrait pas de perdre impunément votre masse noble qui ne doit jamais fondre. Ce qui veut dire que, dès que vous vous réalimenterez après votre régime, vous regrossirez rapidement puisque votre corps puisera dans votre assiette tout ce dont il a besoin pour refaire sa masse musculaire. C'est ainsi que votre balance vous apprendra, à votre grande déception, que vos muscles sont lourds.

Ces gentilles protéines qui nous permettent de rester beau tout en maigrissant, où les trouve-t-on?

1. Vous les trouverez en grande quantité dans les viandes: boeuf maigre, veau, poulet, cheval, chevreuil, orignal, lapin, lièvre et agneau dégraissé; dans le poisson, les crustacés et les mollusques ainsi que dans les fromages. Les légumes secs en contiennent beaucoup, mais il ne faut pas en abuser puisqu'ils renferment pas mal d'hydrates de carbone.

2. Vous les aurez en moyenne quantité dans les oeufs, le yogourt nature et le lait à 2%. Le riz et le pain sont de bons pourvoyeurs de protéines, mais, comme tout le monde le sait, il ne faut pas en manger à l'excès.

3. L'apport des légumes en protéines est peut-être peu important mais pas pour autant négligeable (épinards, chou-fleur, carottes, haricots verts ou jaunes, tomates). Quant aux pâtes, inutile de vous dire qu'il faut être très prudent.

Protégez votre santé avec les protéines

Je vous l'apprends peut-être, mais c'est à partir des protéines que la matière vivante se construit, se répare et se reconstitue. Sans les protéines, nous ne serions pas ce que nous sommes, c'est-à-dire des êtres forts intellectuellement et physiquement, pleins de vigueur et en santé.

En plus de nous aider à maigrir en santé, les protéines nous sont fort utiles:

1. Elles évitent l'enflure. Les gens qui mangent beaucoup de sucre et relativement peu de protéines ont tendance à retenir de l'eau; ceux qui ont une alimentation équilibrée s'en plaignent rarement.

2. Elles permettent de supporter sans fatigue un régime amaigrissant.

3. Elles ont l'avantage de ne pas se transformer en sucre.

4. Elles accélèrent la cicatrisation puisque, comme je vous l'ai dit, elles servent à reconstruire.

5. Elles fabriquent les anticorps qui nous aident à lutter contre les infections.

Pour maigrir en santé, ne négligeons surtout pas les protéines.

Mangez une protéine à chaque repas

C'est un élément essentiel pour maigrir et une des conditions les plus importantes en diététique de maintien puisque la protéine est un puissant coupe-faim. Inutile de dire qu'au petit déjeuner, au dîner et au souper il est important de manger un ou plusieurs des aliments protéinés suivants: viande, poisson, oeufs, fromage ou yogourt nature. Le lait à 2% fait également partie des protéines que vous pouvez absorber.

Éviter de manger une protéine à un repas en la remplaçant surtout par un aliment sucré, c'est se condamner à avoir faim dans les heures qui suivent. Prenons l'exemple du petit déjeuner où souvent vous négligez d'absorber, avec votre pain, du fromage, un oeuf, un morceau de viande ou un yogourt nature que vous remplacez facilement par des confitures ou du caramel. Il s'agit ici d'un cas classique et fréquent. Le sucre concentré que vous venez d'ingérer peut satisfaire votre faim rapidement, mais pas pour longtemps puisqu'une demi-heure après vous aurez l'estomac creux et envie surtout d'aliments sucrés. Par contre, si vous mangez un oeuf ou un morceau de fromage, vous profiterez d'une énergie d'au moins quatre heures qui vous permettra de vous rendre au prochain repas.

N'oubliez donc pas que pour maigrir sans faim, vous avez souvent intérêt à manger des protéines sans fin.

Conservez une peau ferme

À quoi bon maigrir de 25 kilos si votre peau vieillit de dix ans et que vous vous transformez en morceau de gélatine! Ne vaut-il pas mieux rester ferme et dodu que d'avoir une mine cadavérique et une peau d'octogénaire?

Il est possible, dans la plupart des cas, de maigrir tout en conservant une peau ferme et bien portante. Il suffit de savoir que notre peau et nos muscles sont des organes vivants en constante évolution puisqu'ils sont en état de perpétuelle régénérescence, c'est-à-dire qu'ils se refont et qu'ils se réparent sans cesse à partir de matériaux protéinés indispensables à leur intégrité et à leur santé. C'est pourquoi il existe des conditions essentielles à la conservation de bons tissus au cours d'une perte de poids. L'une d'elles, et non la moindre, consiste à manger, de façon régulière et au moins aux trois repas, une protéine animale que l'on retrouve dans les viandes, le poisson, les oeufs, le fromage et le lait. Pour conserver une belle peau jeune et saine, il faut manger quotidiennement pas moins de 100 grammes de protéines animales et végétales. En quantité moindre, vous favorisez prématurément le processus du vieillissement.

C'est donc fondamental. Si vous voulez vous sentir bien dans votre peau, pensez protéines.

Maigrissez, mais pas trop

Que vous ayez la bonne idée de maigrir, personne ne vous le reprochera. Au contraire, vous ne recevrez, la plupart du temps, que des félicitations. Mais de grâce, ne maigrissez pas au-dessous de votre poids idéal et encore moins au-dessous de votre poids physiologique, c'est-à-dire celui que vous fixera votre médecin en fonction de votre taille, de votre ossature et parfois de votre âge. Mais si, par soucis d'esthétique ou d'entêtement, vous vous avisiez d'aller plus bas, vous le regretteriez car votre perte de poids se ferait aux dépens de vos muscles et de votre peau. De plus, vous auriez du mal à conserver ce poids parce que dès que vous vous remettriez à manger des rations tout à fait normales, votre organisme puiserait dans votre assiette tous les éléments nécessaires à la reconstruction de vos muscles.

Soyez donc lucide et réaliste dans le choix de votre poids. Il sera idéal le jour où vous vous sentirez bien dans votre peau.

Prenez un bon petit déjeuner

Est-il nécessaire de souligner que le repas le plus souvent omis demeure, sans contredit, le petit déjeuner. Et pourquoi l'appeler petit puisque ce repas devrait être le plus important de la journée.

En effet, votre dépense énergétique, c'est-à-dire les calories que vous brûlez, s'échelonne du début de la journée à la fin. A titre d'exemple, si vous deviez faire un voyage en voiture de Montréal à New York, vous feriez le plein avant de partir, non pas rendu à destination, car autrement vous risqueriez d'avoir de sérieux problèmes. Il en va de même de votre organisme: vous serez en bien meilleure forme et vous éviterez de grossir si vous prenez un solide petit déjeuner. N'ayez donc aucune crainte à le faire.

Le repas du matin devrait être copieux, celui du midi modéré et celui du soir très léger. Malheureusement vous faites l'inverse. Or, quelques heures après le repas du soir vous dormez, donc vous dépensez très peu d'énergie. C'est pourquoi cette façon de vous alimenter vous fait grossir sans cesse.

Beaucoup de gens maigriraient en mangeant le matin ce qu'ils mangent le soir, car on élimine facilement dans la journée ce qu'on absorbe le matin, alors qu'un repas important le soir fait prendre du poids pendant la nuit.

Si vous n'avez pas l'habitude de manger le matin ou si vous mangez très peu, je ne vous demande pas d'inverser votre cycle alimentaire subitement. Mais je veux que de jour en jour, de semaine en semaine et de mois en mois vous augmentiez progressivement votre apport alimentaire du matin.

Il y a dix, quinze ou vingt ans que vous ne déjeunez plus ? Recommencez immédiatement et conservez cette nouvelle habitude pour toujours.

Ne sautez jamais de repas

Il existe également une loi fondamentale qui est valable aussi bien dans une cure d'amaigrissement qu'au cours d'une période de maintien : on ne doit jamais sauter de repas. La plupart des gens qui ont un surplus de poids en suppriment un régulièrement, parfois deux, pensant qu'ils maigriront plus rapidement. C'est la plus grave des erreurs. Bien au contraire, cette attitude, par le déséquilibre qu'elle provoque, fait très souvent grossir puisqu'elle entraîne une diminution de sucre dans le sang qui déclenche la faim. De plus, cette faim est toujours orientée vers les aliments sucrés. Comme vous le voyez, ça ne vaut pas la peine de se priver et de souffrir puisqu'il est impossible de maigrir en passant un repas. Au contraire, si vous mangez trois fois par jour :

- vous serez en pleine forme
- vous n'aurez pas faim
- vous maigrirez régulièrement
- vous garderez bon caractère
- vous ne grignoterez pas entre les repas
- et vous serez heureux

Manger trois repas par jour en maigrissant, c'est excellent, mais le faire en période de maintien et indéfiniment, c'est important et même essentiel, car autrement vous réengraisserez automatiquement. À bon entendeur, salut!

Ne faites pas
qu'un repas par jour

Il est vrai que l'homme préhistorique ne mangeait que quand il avait faim, mais il n'avait pas à subir les contraintes imposées par les civilisations modernes. L'horaire des repas que nous connaissons aujourd'hui date de l'avènement de l'industrie et du commerce. Les patrons imposèrent des heures de travail entrecoupées de temps libre où les travailleurs pouvaient se restaurer, d'où l'apparition des trois repas.

Pris dans l'engrenage de notre civilisation, nous n'avons pratiquement pas d'autre choix que de manger trois repas par jour. Mais certains d'entre nous ne semblent pas accepter ce fait et, par souci d'économie ou de temps, décident de concentrer leurs besoins énergétiques en un seul repas, lequel est, malheureusement, toujours consommé à la fin de la journée, ce qui fait invariablement grossir, et cela pour plusieurs raisons:

1. Si nous mangeons à la fin de la journée, notre organisme ne peut brûler les calories qu'il a reçues puisque quelques heures plus tard nous allons dormir et que durant notre sommeil nous en dépensons très peu.

2. À la suite de plusieurs expériences faites à travers le monde, il a été démontré que, à ration calorique éga-

le, l'amaigrissement était plus important lorsque l'alimentation était partagée en trois repas plutôt que condensée en un seul.

3. Le repas unique et copieux pris à la fin de la journée amène, au cours de l'avant-midi et de l'après-midi, des chutes de sucre dans le sang qui obligent notre organisme à manger des aliments riches en hydrates de carbone.

Pour préserver votre santé et pour bien maigrir, ne prenez jamais moins de trois repas par jour.

Ne jeûnez pas totalement

Depuis fort longtemps, les cures de jeûne total sont proposées comme traitement de l'obésité. Au cours de ces cures, le patient ne prend que des boissons ne contenant aucune calorie, des vitamines et des sels minéraux.

C'est un fait que nous pouvons jeûner longtemps sans mourir: plusieurs semaines même. Et les gens soumis à une cure de jeûne total ne tarissent pas d'éloges en face des bienfaits d'une telle thérapeutique puisqu'ils en retirent, à court terme, de précieux avantages:

1. La faim disparaît très rapidement et complètement en deux ou trois jours à cause de l'apparition dans le sang de l'acétone, substance provenant de la dégradation des graisses.

2. L'euphorie s'empare d'eux grâce à l'accumulation d'acétone dans leur sang.

3. La sensation de bien-être qui les envahit s'explique par le phénomène de désintoxication que procure l'abstention de tout aliment. En effet, nous savons depuis bien longtemps que 8 maladies sur 10 sont d'origine nutritionnelle.

Tout cela est bien joli, mais les avantages que le jeûne semble apporter ne suffisent pas à éliminer tous ses méfaits :

1. Le risque, c'est qu'il fait perdre non seulement la graisse en excès, mais aussi les muscles. Nous savons, en effet, qu'après cinq jours la perte de poids ne se réalise plus uniquement aux dépens des graisses, mais qu'elle amène une fonte musculaire dans une proportion de 50 p. 100.

2. À l'arrêt d'un jeûne absolu, il se produit toujours une reprise de poids importante puisque notre corps ne nous permet pas de perdre impunément une partie de nos muscles. Dès le moment où nous nous réalimentons, notre organisme puise, dans notre assiette, tout ce dont il a besoin pour refaire sa masse noble. Le gain de poids est certain et inéluctable.

Ne faites donc jamais de jeûne absolu. Seul le jeûne protéiné, prescrit par un médecin, peut vous aider à maigrir sans porter atteinte à votre santé.

Ne mangez jamais avant d'aller au lit

C'est une habitude que beaucoup de gens ont et qui ne sert qu'à les faire grossir. En effet, on ne brûle que peu de calories en dormant, puisque la seule dépense énergétique que nous ayons est l'activité de notre métabolisme basal.

Le désir de manger avant d'aller au lit s'explique de plusieurs façons :

1. Ce geste compulsif a souvent des bases affectives et familiales. Souvent nos mères nous récompensaient par une friandise avant de nous envoyer au lit parce que nous avions été gentils durant la journée.

2. Manger avant d'aller au lit signifie souvent que nous n'avons rien pris au petit déjeuner et que nous avons grignoté à l'heure du lunch. Notre organisme

se venge en nous obligeant à absorber des aliments à la fin de la journée.

3. Si notre alimentation est déséquilibrée et que nous mangeons des sucres raffinés, notre pancréas, en sécrétant trop d'insuline, nous incite à manger tout le temps et aussi avant d'aller dormir.

Ne mangez donc jamais avant d'aller au lit. Vous éviterez non seulement de grossir, mais aussi de faire des cauchemars.

Chez-vous, mangez toujours au même endroit

Il est important de manger toujours au même endroit, dans la même position, c'est-à-dire assis et en respectant un minimum de temps pour absorber ses aliments.

Évitez de manger devant votre téléviseur puisque les messages qu'il transmet stimulent votre appétit. En effet, toutes les 10 minutes on vous dit:
« Buvez telle bière ou tel cola. »
« Mangez les gâteaux de M. Dupont. »
« Offrez-vous la pizza de Gino. »
« Dégustez les frites Orlando. »
« Consolez-vous avec les arachides de M. Plante. »

Quand vient le temps de manger, ne le faites jamais sur le coin du comptoir de la cuisine, en travaillant ou en marchant. Imposez-vous le temps de manger:

1. Dressez un couvert à chaque repas, même si vous êtes seul.
2. Prenez le temps de vous cuisiner un plat qui vous plaît.
3. Asseyez-vous pour le déguster.
4. Agrémentez votre table, soit en l'éclairant d'une chandelle, soit en l'égayant avec des fleurs.
5. Alimentez la conversation.

L'acte de manger est important puisqu'il est vital. Il faut le respecter et lui accorder toute l'importance auquel il a droit.

N'oubliez pas, c'est la tentation qui fait le larron!

Il est important que vous sachiez que la présence de certains aliments devant vous peut exciter vos sens et provoquer en vous des désirs et des goûts irrésistibles qui pourraient nuire à votre régime. Prenez donc certaines précautions:

1. Dans la cuisine, ne gardez pas de gâteaux, de biscuits, de chocolat, de croustilles, de noix, de bonbons. Si vous êtes obligé d'en conserver, rangez-les sur les tablettes les plus élevées de votre garde-manger. Idéalement, il faudrait que vous parveniez à convaincre toute votre famille de ne plus consommer d'aliments à calories vides.

2. Sur la table, ne laissez pas de corbeille de pain ni de beurrier et, une fois que vous vous êtes servi, remettez le plat de service au chaud pour éviter de manger une deuxième portion. Vous sauverez à chaque repas des centaines de calories.

3. Dans votre bibliothèque, enlevez vos livres de recettes hautes calories et remplacez-les par des livres de recettes minceur. Vous ferez d'agréables découvertes dont profitera toute votre famille.

Pour maigrir, laissez l'alcool de côté

Boire des boissons alcoolisées, surtout du vin, n'a rien de répréhensible ni de dommageable pour la santé en autant qu'on respecte les normes établies par les services de santé.

L'homme obèse est souvent un gros mangeur et un gros buveur et les boissons qu'il consomme peuvent atteindre un taux élevé en calories. Elles sont vite prises et elles se prennent sans douleur.

Il est impossible de maigrir sans supprimer l'alcool, même le vin, et cela pour deux raisons:

1. Parce que l'alcool a une très forte teneur en calories qui s'ajoutent à celles contenues dans les aliments.
2. Parce que l'alcool provoque l'hypoglycémie, c'est-à-dire une diminution du taux de sucre dans le sang, et de ce fait force l'organisme à compenser en mangeant des sucreries.

Vous voulez maigrir, acceptez donc de mettre l'alcool de côté pour un certain temps. Votre foie s'en trouvera peut-être mieux et votre taille s'amincira rapidement.

Buvez de vrais jus de fruits

Le commerce est inondé de boissons aux fruits de toutes sortes qui ne contiennent que des calories vides. Leur effet est triple:

1. Satisfaire vos sens en sucreries.
2. Affecter votre santé en gorgeant votre organisme de sucres raffinés.
3. Vous aider à grossir à cause des centaines de calories qu'elles renferment.

Vous avez donc intérêt à boire de vrais jus de fruits qui sont le produit obtenu par pression de fruits frais et conservés par pasteurisation ou congélation. Vous profiterez ainsi des inestimables avantages des fruits puisqu'ils sont une source appréciable de vitamines A, B_1, B_2 et C ainsi que de sels minéraux importants comme le magnésium et le calcium.

Prenez garde
aux boissons gazeuses

Que nous le voulions ou pas, nous faisons partie de la grande civilisation nord-américaine et nous en partageons les bienfaits comme les méfaits. Est-il nécessaire de dire que l'opulence y règne en ce qui concerne les denrées alimentaires, et qu'elle est sans pareille dans le monde entier. Le marché de l'alimentation est énorme. Son chiffre d'affaires se calcule par milliards. Il fait appel, il faut le dire, à l'instinct de conservation, aux passions, aux sens, aux joies, aux frustrations, à l'art du bien manger. De quelle belle publicité ne jouit-il pas? La pérennité de son succès est chose acquise.

Faire appel aux sens est l'enfance de l'art puisqu'il est si facile de conditionner l'être humain. Les grandes maisons de boissons gazeuses le savent puisqu'elles font des affaires d'or en suggérant constamment au consommateur, par des moyens audio-visuels puissants, de boire leurs poisons si tentants.

Vous avez sans doute remarqué, dans les supermarchés, cette jeune femme, au budget limité, remplir à craquer son panier de provisions d'énormes bouteilles de ces fameuses boissons qu'elle enligne devant la caissière et que j'appelle la parade des magnums. L'acte est posé, le geste est inconscient et le mal est fait. Combien d'enfants vont boire ce nectar délicieux jusqu'à la fin de leur vie et creuser ainsi leur tombe avec des dents profondément cariées?

Ces boissons que nous aimons sont pourtant saturées de sucres raffinés qui sont responsables, nous le savons depuis longtemps, de maladies débilitantes sinon mortelles: le diabète, l'artériosclérose, les maladies cardio-vasculaires et, ne l'oublions pas, l'obésité.

Empressons-nous de combattre les monopoles de la maladie. Faisons campagne pour qu'on installe des fontaines de jus frais, sans sucre, bien entendu, partout: dans les centres d'achat, les écoles, les bureaux, les restaurants, les usines. Faisons pression auprès de nos « ministères de la Maladie » pour qu'ils éliminent à tout jamais ces boissons néfastes.

Engraisser coûte cher. Ne vaut-il pas mieux consacrer le prix de ces boissons à l'achat d'aliments sains qui sont une source de santé ? La parade des magnums fera ainsi place à une armée de femmes et d'hommes en santé.

Ne pensez pas
que maigrir coûte cher

Mais non, maigrir ne coûte pas cher. Il est vrai qu'un régime supprimant le pain et les pâtes peut sembler coûteux au départ puisque vous devez les remplacer par des légumes, des fruits et des protéines dont le prix est souvent plus élevé. Mais à la longue, vous constaterez très vite et très facilement que maigrir, c'est économique.

Au contraire, engraisser coûte très cher :

1. Les gens qui grossissent grignotent constamment. Le coût des aliments qu'ils consomment entre les repas s'ajoute à celui de leurs trois repas.
2. La plupart des obèses ont des troubles d'hypoglycémie et ils ont des rages de sucre. Les pâtisseries, les gâteaux, les biscuits, les bonbons et les boissons gazeuses qu'ils consomment coûtent cher.
3. Les gens qui ont un problème de poids doivent constamment investir dans leur garde-robe puisque leur poids monte et descend constamment, comme un yo-yo, au cours d'une année.
4. Tôt ou tard, les obèses sont victimes de plusieurs maladies qui les obligent à être inactifs pendant de longues périodes. N'oubliez pas : le temps, c'est de l'argent.

Garnissez votre garde-manger et votre réfrigérateur

Pourquoi pas! Il faut manger pour vivre et il faut parfois vivre pour manger puisque cela fait partie des douces joies de la vie. Garnissez votre garde-manger de bonnes choses qui vous procureront jouissances, santé et équilibre. De toute façon, il existe maintenant d'excellentes recettes minceur dont la saveur n'a rien à envier à celle des plats traditionnels et engraissants.

En saison, garnissez votre réfrigérateur de légumes frais du marché qui, en plus d'être succulents, regorgent de vitamines et de sels minéraux. Procurez-vous des fruits frais et faites-vous le plaisir d'en présenter un assortiment, au dessert, disposé harmonieusement dans une jolie corbeille.

Apprenez à congeler fruits et légumes et remplissez-en votre congélateur pour l'hiver. Vous aurez ainsi toujours à la main des aliments frais qui vous permettront de vous nourrir sainement tout en vous épargnant un excès de calories.

Faites aussi une place importante, dans votre garde-manger, aux céréales puisqu'elles sont une source inestimable de vitamines B_1 et B_2 et de sels minéraux comme le magnésium et le calcium. Ayez aussi de bons fromages, source très importante de protéines, de calcium et de vitamines A et B_2.

Remplissez donc votre garde-manger, votre réfrigérateur et même votre congélateur de toutes ces bonnes choses et vous ne vous en trouverez que mieux à tous les points de vue.

Maigrissez en consommant des aliments crus

Il y a souvent moins de calories dans les aliments crus que dans les aliments cuits puisque nous avons la mauvaise habitude de préparer ceux-ci en sauce. De plus, vous avez avantage à manger des légumes et des fruits frais puisque la cuisson détruit les vitamines A, B₁, et C dans une proportion importante; ces vitamines sont très sensibles à la chaleur.

Manger cru, c'est non seulement une façon de ne pas grossir, mais c'est aussi une occasion de découvrir la fraîcheur et la saveur d'un beau plat de crudités; c'est également le moyen de faire preuve d'imagination en composant les plus délicieuses salades. Manger cru c'est aussi voir son potager dans son assiette et apprendre à se nourrir sainement.

Affectionnez le céleri

Il ne vous donnera pas que de l'affection, comme le dit un vieux dicton, car c'est un aliment intéressant qui peut vous procurer bien des avantages, tant au point de vue de votre santé que de votre poids:

1. Il est une source de sels minéraux car il contient du calcium et du magnésium.
2. Il est une source de vitamines A et C.
3. Il a l'avantage de contenir peu de calories.
4. Il est très efficace contre la constipation puisqu'il contient beaucoup de cellulose.
5. Il prend beaucoup de place dans votre estomac et coupe ainsi votre faim sans nuire à votre régime.

Affectionnez donc le céleri puisqu'il vous aide gentiment et sans douleur à atteindre votre poids idéal.

N'accusez pas la pomme de terre

La plupart des gens qui se mettent au régime, dans le but de réduire leur ration calorique, suppriment systématiquement la pomme de terre. Et pourtant elle ne contient pas tellement plus de calories que la carotte ou le navet. Elle est de plus une source importante de magnésium, de vitamine B₁ et de vitamine C.

C'est avant tout le mode de cuisson des pommes de terre (frites, sautées, à la crème) qui augmente leur valeur calorique et fait grossir. Elles ont mauvaise réputation auprès de ceux qui désirent maigrir, mais à tort. Manger des pommes de terre, avec modération, n'a rien de préjudiciable à un régime amaigrissant.

Attention! la margarine aussi fait engraisser

Bien des gens, qui suivent un régime pour maigrir, tartinent abondamment leur tranche de pain de margarine croyant que, contrairement au beurre, elle ne fait pas grossir. Pourtant, il y a une chose qu'ils ignorent: le beurre est légèrement plus pauvre en calories que la margarine ou l'huile. On ne réduit donc pas une ration calorique en remplaçant le beurre par la margarine.

Tout régime amaigrissant doit limiter les corps gras, y compris la margarine.

Choisissez vos fromages

L'origine du fromage se perd dans la nuit des temps, car personne ne sait quand fut fabriqué le premier. Il se peut qu'il soit aussi vieux que l'homme.

Le fromage demeure un produit universel, comme le pain et le vin. C'est un aliment exceptionnel puisqu'il est l'une des plus grandes sources de calcium, de vitamine A et de vitamine B_2. Mais le fromage contient aussi des calories et, pris en quantité trop grande, il peut faire grossir.

Si vous suivez un régime amaigrissant, choisissez les fromages maigres qui ne contiennent que 100 à 150 calories par 100 grammes, plutôt que les fromages gras qui en possèdent de 300 à 400. Votre santé s'en ressentira, et votre taille également.

Attention!
Les biscottes et les craquelins
ne font pas maigrir

Je mange souvent au restaurant avec des amis. Quand on leur offre du pain, certains refusent toujours en alléguant qu'ils sont au régime. Par contre, je les vois se bourrer de biscottes ou autres minces tranches de pain grillé et séché abondamment . tartinées de beurre sous prétexte qu'elles contiennent peu de calories. Dites-vous bien que cette notion est fausse.

Les biscottes et les craquelins ne sont, en somme, que du pain séché au four afin d'en réduire le volume et d'en faciliter la conservation. Mais ce qu'il faut retenir, c'est qu'à poids égal elles sont plus riches en calories que le pain. Si vous en mangez trop, elles vous feront évidemment grossir.

Rappelez-vous qu'il n'y a rien de mal à manger une tranche de pain au repas, mais ce qui est dangereux pour votre taille, c'est de vider la corbeille.

Ne commettez pas l'erreur d'Adam,
ne vous laissez pas
prendre par la pomme

Connue depuis fort longtemps et dans presque tous les pays du monde, la pomme demeure un excellent aliment puisqu'elle nous apporte les vitamines A, B_1, B_2 et C et qu'elle nous fournit une valeur énergétique de 70 calories.

Mais il ne faut pas penser pour autant que la pomme ne fait pas grossir. Une pomme à chaque repas, une pomme à dix heures, une pomme au milieu de l'après-midi et une autre en soirée et vous venez d'accumuler pas moins de 400 calories qui s'ajoutent à celles contenues dans les autres aliments que vous mangez.

Attention! la pomme est excellente pour la santé, vous pouvez en consommer au cours d'une cure d'amaigrissement, mais il ne faut pas en abuser.

N'oubliez pas votre dessert

Pour la majorité, finir un repas par un dessert signifie manger une substance sucrée qui peut s'appeler gâteaux, tartes ou n'importe quel entremets farci et gorgé d'hydrates de carbone. L'idée qu'un fruit pourrait constituer un dessert n'a jamais effleuré l'esprit de la plupart des gens. Et pourtant, qu'y a-t-il de mieux, de meilleur et de plus rafraîchissant qu'un beau fruit frais, dodu, gonflé et éclatant de soleil pour terminer un repas?

Quels que soient les adjectifs propres à les qualifier, les fruits sont par surcroît:

1. Une source de vitamines A, B_1, B_2 et C.
2. Une source de sels minéraux: magnésium et calcium.
3. Une source de santé puisque ce sont des aliments naturels.
4. Une source de minceur car, à l'opposé des calories vides (pâtisseries, gâteaux, tartes), ils contiennent relativement peu de calories.

Bannissez les calories vides

Je qualifie de ce nom tous les aliments qui ne contiennent que des calories et pratiquement pas d'éléments nutritifs. Notre société moderne, supposément évoluée, fabrique à coût de milliards des centaines de milliers de ces produits que nos organismes de la santé, par leur silence et leur indifférence, tolèrent et même acceptent. En voici une liste bien incomplète :

- boissons gazeuses
- boissons à saveur de fruits
- bonbons
- barres de chocolat
- pâtisseries (gâteaux, tartes, biscuits)
- confitures

Tous ces aliments sont certes attirants par leur saveur, leur couleur, leur présentation et surtout par leur goût sucré. Mais, avant tout, n'oubliez pas qu'ils sont néfastes pour la santé :

1. Ils peuvent vous faire engraisser.
2. Ils sont souvent responsables du diabète.
3. Ils peuvent être une cause de carence en vitamines.
4. Consommés en grande quantité, ils peuvent amener un déficit en oligo-éléments : fer, cuivre, magnésium, etc.

Le poids que vous devez atteindre, ou celui que vous aurez enfin retrouvé, est trop précieux pour que vous en compromettiez le maintien en vous nourrissant d'aliments contenant des calories vides.

Oubliez les matières grasses

Les corps gras sont riches en calories puisqu'ils contiennent 9 calories par gramme, alors que les protéines, elles, n'en renferment que 4. Vous avez donc intérêt à limiter les matières grasses si vous voulez diminuer vos apports caloriques et si vous désirez maigrir. Voici de quelle façon vous pouvez le faire :

1. Habituez-vous à manger votre pain sans beurre.
2. Ne consommez pas le jus des rôtis.
3. Dégraissez vos viandes avant de les faire cuire.
4. Diminuez la quantité d'huile dans vos salades.
5. Cuisinez avec des poêles à revêtement antiadhésif.

Contrôlez le nombre
des cellules graisseuses
de votre enfant

Ne répétez pas l'erreur de vos parents qui vous obligeaient à vider votre assiette même si vous n'aviez pas faim. Il y a de fortes chances que ce soit de cette façon que vous êtes devenue obèse.

Le nombre de cellules graisseuses se détermine très tôt. De nombreux travaux effectués sur des souris, aux États-Unis et en Europe, ont démontré que c'est au cours de la vie foetale et des premiers mois de la vie que se précise le nombre de cellules graisseuses.

L'être humain obèse tient son surpoids non seulement du mode d'alimentation que lui ont fourni ses parents, mais aussi de la façon dont s'est nourrie sa mère. Le destin pondéral se joue donc au tout début de la vie.

La multiplication des cellules graisseuses ne se termine pas à la petite enfance. Elle se poursuit même durant la période de l'adolescence et c'est cette étape de la vie qui scelle de façon définitive leur nombre. Donc, si à la fin de l'adolescence vous avez un nombre d'adypocytes plus élevé que la normale, vos chances de grossir, une fois adulte, sont très grandes.

Comment éviter d'avoir un enfant qui deviendrait éventuellement obèse?

1. Il faut contrôler de façon précise votre alimentation durant votre grossesse.
2. Il faut consulter un pédiatre régulièrement pour équilibrer l'alimentaion de votre bébé.
3. Il faut éviter de gaver votre enfant même s'il est maigre.
4. Il faut le laisser gaspiller sa nourriture même si ça vous fait de la peine.
5. Il faut surtout lui offrir de petites portions, quitte à le servir une deuxième fois s'il en éprouve le besoin. De cette façon, vous habituerez votre enfant à ne pas manger au-delà de sa faim.

C'est ainsi que vous contrôlerez le nombre de cellules graisseuses de votre enfant et que vous le protégerez contre l'obésité.

Ne finissez pas l'assiette de vos enfants

Ce qui est inquiétant, ce n'est pas de voir vos enfants laisser des aliments dans leur assiette, c'est de voir qu'il en reste dans vos plats après chaque repas. Ceci signifie que vous les surprotégez, que vous souffrez d'un sentiment d'insécurité et que, pour vous, la nourriture a une signification affective très grande. Le danger, c'est qu'inconsciemment vous êtes en train de préparer leur obésité et de consolider la vôtre. Vous vous apprêtez à leur léguer un héritage lourd de conséquences pour leur santé.

Ce qui est également inquiétant, ce n'est pas le fait que vous finissiez ce que vos enfants ont laissé dans leur assiette, mais celui que vous absorbiez de cette façon beaucoup de calories, mettant ainsi en péril votre cure d'amaigrissement. Les calories s'additionnent peu à peu et, insidieusement, les kilos pèsent de plus en plus sur votre santé, et sur votre pèse-personne!

Attention! Vous pouvez engraisser avec 900 calories et maigrir avec 1000

Tout le monde sait que pour maigrir il ne faut pas manger au-delà de ses besoins. Par contre, il y a une chose que la plupart des gens ne savent pas: il est possible de maigrir avec 1000 calories et de grossir avec 900. Il ne suffit pas de compter les calories pour maigrir, il faut avant tout équilibrer le genre de calories. Pour être sain et efficace, un régime doit contenir des protéines, des sucres et des graisses, mais dans une proportion idéale.

Si vous suivez un régime de 1000 calories, riche en protéines, vous maigrirez puisque les protéines n'ont pas, dans notre organisme, le même devenir que les graisses et les sucres:

1. Leur consommation ne favorise ni la fabrication ni l'entreposage des graisses.
2. Leur digestion est longue et retarde ainsi la sensation de faim.

Si vous suivez un régime de 900 calories, riche en sucres, il y a de grosses chances que vous engraissiez puisque:

1. L'excédent de sucre est entreposé sous forme de graisse.
2. Il déclenche la sécrétion d'une hormone (l'insuline) qui diminue le taux de sucre, provoquant ainsi une envie de sucreries.

Si vous prenez la décision de suivre un régime, ne vous limitez pas à additionner le nombre de calories, cela pourrait vous jouer des tours. Demandez plutôt conseil à votre médecin.

Soyez d'affaires

Compte tenu des besoins quotidiens d'un organisme, il devient très intéressant de s'attarder au phénomène de la suralimentation en fonction du comportement alimentaire.

Regardez cet homme d'affaires, jeune, joufflu et bedonnant, en train de manger au restaurant en compagnie de ses invités. Il prend un, deux et parfois trois apéritifs. En attendant l'entrée, il mange allégrement deux ou trois tranches de pain généreusement tartinées de beurre. Et dans le feu de la discussion, il engouffre une douzaine d'escargots en trempant de façon compulsive des dizaines de bouchées de pain dans le beurre à l'ail. Il poursuit son aventure, supposément gastronomique, en dégustant un steak de 500 grammes bien comptés, accompagné de l'éternelle gargantuesque pomme de terre au four farcie d'une onctueuse crème sure. Avant de passer au dessert, notre homme d'affaires va terminer son pain avec un généreux morceau de camembert. Il couronnera ce repas déjà plantureux par un honnête morceau (500 calories) de tarte aux pommes surmonté d'un iceberg de crème glacée à la vanille. Non satisfait d'une telle orgie, notre homme d'affaires offrira à ses invités, après un café bien sucré, la glorieuse parade des alcools.

Est-il nécessaire d'avoir un ventre débordant, une mine apoplectique, une attitude survoltée pour traiter des affaires? Pour paraître prestigieux, pour imposer et pour dominer, beaucoup d'hommes ont besoin d'une barrière-sécurité pour arriver à leurs fins. La fragilité de leur personnalité repose malheureusement sur l'épaisseur de la graisse qu'ils ont sous la peau. C'est ainsi que l'homme d'affaires devient souvent d'une forte corpulence qui le mène à court ou à moyen terme vers une maladie débilitante ou mortelle.

Si vous mangez au restaurant, soyez maître de vous et laissez vos invités succomber à leurs libations. Commencez par un jus ou un potage aux légumes; poursuivez avec une copieuse salade de légumes; régalez-vous d'une tranche de rosbif accompagnée de légumes frais; et complétez votre repas avec un morceau de fromage ou un fruit frais. Arrosez ce festin d'un verre de vin rouge et dégustez, lentement surtout, les bienfaits de la nature tout en savourant les résultats de votre rencontre. Vous constaterez que savoir manger, c'est souvent apprendre à bien négocier, à tout point de vue.

2

Mangez
pour vivre,
mais vivez
quand même
pour bien manger

Soyez un bon ouvrier

Si, pour bien faire un travail, il faut posséder de bons outils, pour suivre un régime, il faut être bien équipé et posséder un assortiment complet d'accessoires de cuisine. Voici les instruments indispensables dont vous avez besoin pour maigrir et rester mince:

- un pèse-personne pour apprécier les résultats de vos efforts
- une petite balance pour peser vos aliments
- une poêle à fond strié et à revêtement antiadhésif, pour vos grillades
- une poêle à fond plat et à revêtement antiadhésif
- un plat à revêtement antiadhésif pour la cuisson au four
- une marguerite pour la cuisson à la vapeur
- un bain-marie
- un autocuiseur
- un gril à poisson
- une poissonnière pour pocher vos poissons
- un nécessaire à brochettes
- un barbecue pour cuire, durant la belle saison, vos viandes et vos poissons
- un verre gradué
- un rouleau de papier d'aluminium
- des livres de recettes minceur

Rendez vos potages
moins monotones

Il est possible, grâce au mariage des légumes et des fines herbes, de rendre vos potages nutritifs, attrayants, sains et savoureux. Pour rehausser leur saveur, utilisez des carcasses de poulet, des os ou des restes de viande.

Tout potage a pour base un bouillon que l'on prépare soit avec une carcasse et des abattis de volaille ou avec des restes de boeuf et un os que l'on a préalablement fait scier en deux ou trois morceaux par le boucher.

Voici une recette simple de bouillon de poulet :

Bouillon de poulet

Casser les os en petits morceaux et les mettre avec les abattis dans une grande casserole. Ajouter un oignon, une carotte, une branche de céleri et un bouquet garni (persil, thym, laurier). Saler très peu et poivrer. Mouiller de 2 litres d'eau. Porter à ébullition et laisser frémir pendant 3 heures, en ayant soin d'écumer fréquemment au cours de la cuisson. Filtrer le bouillon et le mettre au réfrigérateur, puis dégraisser. Pour faire un bon bouillon, il faut bien choisir ses herbes et les laisser mijoter dans le liquide pendant plusieurs heures. Outre le bouquet garni traditionnel, on peut utiliser plusieurs fines herbes dans les bouillons et les potages :

Le *basilic,* qui nous est venu des jardins de Bysance en passant par l'Europe, aromatise très bien les bouillons.

Les *feuilles de céleri,* qui communiquent aux potages un parfum bien personnel.

Le *cerfeuil,* qui ressemble au persil mais possède un parfum plus délicat, aromatise parfaitement bien un potage aux légumes.

La ciboulette, qui rappelle l'échalote mais avec une saveur beaucoup plus fine, rehausse le goût des potages.

La menthe, qui permet de réussir un excellent potage. Il suffit d'ajouter à du bouillon de poulet des feuilles de menthe, de préférence fraîches, du jus de citron, de très petits cubes de poulet et de faire chauffer le tout pendant quelques minutes.

Le romarin, qui est une plante odoriférante, parfume agréablement tous les potages.

L'addition de fines herbes dans un potage rehausse la saveur de ce mets à la fois simple et facile à préparer, peu coûteux et très pauvre en calories, surtout si l'on omet d'y ajouter des pâtes.

Par ces quelques suggestions, j'ai voulu simplement vous démontrer qu'il était possible de rompre la monotonie des potages tout en faisant la joie de votre famille et en vous aidant à rester mince.

Commencez vos repas par une immense salade

Cette excellente habitude a permis à des milliers de gens d'atteindre graduellement leur poids idéal.

Commencez donc tous vos repas, que ce soit à la maison ou au restaurant, par une grosse salade. Vous en retirerez plusieurs avantages:

1. Votre salade vous procurera, de façon quotidienne, des vitamines et des sels minéraux.
2. Elle vous apportera peu de calories.
3. Grâce à son volume et à la cellulose qu'elle contient, elle remplira votre estomac et vous mangerez une moins grande portion de votre plat principal.

Ne cédez pas à la monotonie en ne mangeant que des salades de laitue. Leurs variétés ne sont limitées que par votre imagination: salade d'épinards, salade de carottes, salade de chou vert, frisé ou rouge, salade de pissenlit, salade de laitue Boston, salade de romaine, salade de scarole, salade d'endives, salade de champignons et salade composée de différents légumes : laitue, tomate, céleri, oignon, échalote, chou-fleur cru, chou, etc.

Laissez donc libre cours à votre fantaisie pour créer des salades qui vous réjouiront l'oeil autant que le palais.

Découvrez la cuisson en papillote

Trop peu de gens utilisent ce mode de cuisson aux possibilités immenses. Toutes les viandes, tous les poissons, tous les crustacés, tous les légumes et tous les fruits peuvent être cuits en papillotes.

Sa technique

Elle est simple. Elle consiste à déposer l'aliment dans un morceau de papier d'aluminium, légèrement beurré ou huilé, que l'on ferme ensuite hermétiquement avant de le mettre au four.

Ses avantages

1. *La préparation* est rapide, et donc utile, pour les gens qui travaillent ou qui n'aiment pas consacrer des heures à cuisiner.
2. *La saveur* que ce mode de cuisson confère aux aliments est unique et exceptionnelle, car le milieu hermétique dans lequel ils cuisent permet aux herbes qu'on met d'y pénétrer très intimement.
3. *Les calories* sont en nombre limités puisqu'on ajoute très peu de choses aux aliments. D'ailleurs, il n'est pas absolument nécessaire d'enduire le papier d'aluminium de beurre ou d'huile car, au cours de la cuisson, les aliments libèrent une grande quantité d'eau qui les empêchent d'adhérer au papier.

Ce mode de cuisson vous révélera d'agréables surprises et vous l'adopterez pour toujours. Voici quelques exemples de cuisson en papillote:

Haricots à l'ail

Pour une personne

115 g   de haricots verts ou jaunes
   1   gousse d'ail, hachée finement
         Poivre
         Un peu de sel

Cuire les haricots à l'eau légèrement salée. Les retirer lorsqu'ils sont encore fermes. Bien les égoutter et les placer sur une feuille de papier d'aluminium. Ajouter l'ail, saler très peu et poivrer. Envelopper hermétiquement et mettre au four à 150°C pendant 15 minutes.

Poulet en papillote

Pour une personne

145 g   de poitrine de poulet
   1   pincée de sarriette
   1   échalote, hachée finement
         Sel
         Poivre

Enlever la peau de la poitrine. Déposer la viande sur une feuille de papier d'aluminium. Saupoudrer de sarriette. Ajouter l'échalote. Saler très peu et poivrer. Envelopper hermétiquement et mettre au four à 200°C pendant 30 minutes.

Filet de sole à la julienne de légumes

Pour une personne

1	carotte, coupée en fins bâtonnets
1	branche de céleri, coupée en fins bâtonnets
170 g	de filets de sole
15 mL	(1 c. à soupe) d'oignon, haché finement
1	pincée de romarin
	Poivre

Cuire la carotte et le céleri à l'eau légèrement salée. Les retirer lorsqu'ils sont encore fermes. Bien les égoutter. Placer les filets de sole sur une feuille de papier d'aluminium. Ajouter l'oignon, les légumes cuits et le romarin. Poivrer. Envelopper hermétiquement et mettre au four à 175 °C pendant 20 minutes.

Cuisez vos viandes au four

La cuisson des aliments au four est intéressante puisqu'elle permet de manger des mets à la fois délicieux, sains, économiques et contenant un minimum de calories.

Au cours de cette cuisson, la chaleur intervient directement, sans l'intermédiaire de liquide ou de vapeur. Cette cuisson a l'avantage de n'utiliser aucun corps gras.

La cuisine au four peut-être délicieuse à la condition de prendre certaines précautions :

1. Il est indispensable, pour que la chaleur saisisse correctement l'aliment, de chauffer le four dix minutes avant le début de la cuisson.
2. Il ne faut surtout jamais déposer une pièce de viande sur un papier d'aluminium. Ceci aurait pour effet de faire bouillir la viande au lieu de la griller. Il faut la déposer directement sur le gril, à 15 centimètres de la source de chaleur (élément du haut).

3. Il faut déposer le papier d'aluminium sur le gril inférieur en lui donnant une forme en U. Vous en retirerez surtout deux avantages: vous permettrez à la
chaleur de se concentrer et vous éviterez de salir
votre four.

4. Il existe une condition essentielle pour bien cuire au
four: il ne faut jamais laisser la porte du four fermée
car l'eau qui se dégagerait alors de la viande la ferait
bouillir. On doit toujours laisser la porte du four
entrouverte, au cours de la cuisson, pour permettre
à la vapeur de s'échapper.

5. Nous le savons depuis toujours, il faut saler très
peu au cours d'une cure d'amaigrissement. Mais si
vous désirez saler une viande rouge que vous faites
cuire au four, il faut le faire après la cuisson seulement, car, autrement, le sel ferait s'écouler les sucs,
dont la saveur dépend

Partez à la découverte
des fines herbes

Les fines herbes et les épices font parties des ca-
deaux que la nature nous offre et leur usage existe depuis des millénaires.

Chaque peuple a ses préférences, ses habitudes et
ses traditions quant à l'emploi de ces ingrédients.

Dans ce siècle de vitesse où nous vivons, il nous
reste si peu de temps à consacrer à la préparation des
repas que nous ne prenons généralement pas la peine
de les rendre moins insipides par l'usage des fines
herbes. Notre imagination, en ce domaine, se limite
trop souvent à l'utilisation du sel et du poivre pour soi-
disant rehausser la saveur de nos plats. Si nous appre-
nions l'art de nous servir des fines herbes et des épices,
ils seraient moins monotones et nous serions moins
portés à consommer des aliments à calories vides qui
ont pour effet de nous faire grossir.

Je vous invite donc à découvrir quelques-unes
d'entre elles:

Le *thym* est l'ingrédient idéal pour assaisonner un plat de viande. Il se marie très bien avec tous les légumes, en particulier les carottes. Il faut être prudent, quant à la quantité, car son arôme risque de dominer.

La *marjolaine* rehausse le goût des viandes. Incorporée aux légumes comme le chou et le navet, elle facilite la digestion. Elle est délicieuse dans les potages et les sauces.

La *sarriette* est particulièrement savoureuse dans la préparation du poulet et des hachis. Son usage est très varié. Sa saveur piquante se rapproche de celle du thym.

Le *romarin* a un goût prononcé et ses feuilles sont très parfumées. C'est un excellent ingrédient pour l'agneau, les plats de viande mijotés, le gibier et le poisson.

La *menthe* mérite d'être mentionnée en raison de son goût raffiné et de son parfum caractéristique. Ajoutée à la salade, elle lui donne un goût exquis. Elle s'emploie avec les pommes de terre, les sauces, les petits pois et certaines viandes, comme le mouton. Elle est délicieuse sinon divine en infusion.

Le *gingembre* fait partie des épices. Il a un goût particulier qui nous est plutôt familier dans les pâtisseries. Mais essayez-le avec les pommes et les viandes. Vous en serez ravie.

Le *safran* est l'épice la plus coûteuse sur le marché. Il possède une saveur douce et légèrement caustique qui s'allie très bien aux poissons et aux potages.

Le *basilic,* voisin du thym, aromatise les viandes, les légumes et les sauces. Les feuilles, fraîches ou séchées, donnent un goût corsé à la laitue, aux tomates et aux champignons.

L'*estragon* est très recherché pour ses feuilles qui, utilisées fraîches, relèvent la saveur des salades et des crudités. Il s'associe bien à la volaille, au poisson, aux oeufs et aux viandes.

Le *bouquet garni* varie selon le goût et la préparation à laquelle on l'incorpore. Ce mélange d'herbes aromatiques s'ajoute tout aussi bien aux sauces, aux potages, à la viande, au poisson qu'au gibier. Les ingrédients servant à composer un bouquet garni sont nombreux. Parmi les meilleurs, citons: le basilic, la sarriette, le thym, l'estragon, la marjolaine, la menthe, le persil, le céleri, le fenouil, la ciboulette et le laurier. Il suffit d'attacher les branches ensemble et de les retirer en fin de cuisson. Ces herbes perdent leur saveur en cuisant mais elles ont la propriété de la conférer aux aliments.

Partez à la découverte de ces herbes et dites adieu aux aliments fades. Sachez créer, grâce à elles, des plats simples mais agréablement relevés.

Maigrissez
en apprêtant les restes

Il ne faut pas dédaigner les restes, car ils permettent de réaliser d'excellentes recettes et aussi beaucoup d'économies, ce dont les femmes ont grand souci, n'ayant pas très souvent les moyens de gaspiller si elles veulent boucler leur budget.

Les restes font souvent partie de la cuisine quotidienne et ils ne sont pas nécessairement synonymes de plats engraissants. Il suffit tout simplement de savoir les apprêter avec discernement pour qu'ils deviennent à la fois un mets savoureux et diététique. J'ai pensé vous donner quelques recettes pour vous inciter à cuisiner les restes dans la joie et en minceur.

Boeuf de la pointe à Boisvert

Pour 4 personnes

4	tranches de rosbif froid
110 mL	de jus de tomate
5 mL	de vinaigre de vin
5 mL	d'huile d'olive
1	échalote, hachée finement
2 mL	de moutarde de Dijon
	Persil haché
	Un peu de sel et du poivre

Mettre dans une poêle à revêtement antiadhésif tous les ingrédients, sauf le rosbif et le persil, et chauffer à feu doux pendant 10 minutes. Ajouter les tranches de rosbif et continuer la cuisson pendant 20 minutes. Servir dans des assiettes chaudes et napper les tranches de la sauce. Saupoudrer de persil haché.

Boeuf en gelée[1]

350 g	de viande de boeuf maigre, cuite
2	feuilles de gélatine
4,5 dL	de jus de tomate
1	c. à café de sauce Worcestershire
	Sel, poivre

Pour la garniture:

1 coeur de laitue

Quelques radis

Sel, poivre

Hacher le boeuf. Faire ramollir la gélatine dans un peu d'eau froide. Faire chauffer le jus de tomate. En arroser la gélatine et mélanger jusqu'à ce qu'elle soit dissoute.

---

1. Marguerite Patten: *Cuisine santé beauté,* Compagnies internationales du livre (C.I.L.), 1981.

Verser le liquide encore chaud sur la viande hachée pour la rendre moelleuse. Ajouter le reste des ingrédients, à l'exception de ceux de la garniture. Bien mélanger.

Verser le mélange dans un moule en couronne. Laisser prendre au réfrigérateur.

Nettoyer le coeur de la laitue et les radis. Tailler ceux-ci en fleurs.

Pour servir: quand le boeuf en gelée est pris, le démouler sur un plat et garnir le centre avec les feuilles de laitue et les radis. Servir frais.

Congélation: la congélation de ce plat ne pose aucun problème.

Durée de conservation: 2 mois.

Variantes:

Remplacer le boeuf par du blanc de poulet ou de dinde.

Utiliser du bouillon (instantané ou préparé à la maison et dégraissé) à la place du jus de tomate.

Remplacer une petite partie du jus de tomate par la même quantité de purée de tomates.

Relever la gelée avec une bonne cuillerée de moutarde forte.

En camping, faites bonne chère

Le plus alléchant, le plus beau plat du monde n'aura jamais ce parfum d'herbes sauvages, de fumée, de tranquillité et de liberté que vous procure le poisson ou le steak grillé sur les braises en pleine nature.

Avec un peu d'imagination, la cuisine de camping peut être à la fois saine, équilibrée et légère. Il suffit, pour y arriver, d'éviter la facilité souvent à l'origine d'un excès de poids. En effet, les aliments que les gens consomment en camping sont constitués la plupart du temps de sucre et de féculents: toasts, hot-dogs, hamburgers, pain grillé, guimauves, etc. Pourtant, cette cuisine peut être délicieuse tout en ne faisant pas grossir.

La saison estivale vous donne la chance de déguster des mets incomparables par leur saveur et leur légèreté et de manger à votre faim grâce aux produits frais (légumes et fruits) que la nature vous procure. Faites vos légumes à l'étuvée; grillez vos viandes au charbon; cuisez vos poissons en papillotes et caramélisez vos fruits.

Voici quelques recettes que je vous suggère dans le but de vous aider à conserver votre poids durant la période du camping.

Brochette aux foies de poulet

Pour 1 personne

115 g	de foies de poulet
1	poivron moyen
4	petits oignons
4	tranches épaisses de citron
	Sel et poivre

Couper le poivron en quatre morceaux. Enfiler sur les brochettes, en alternant, foies, morceaux de poivron, oignons et tranches de citron.

Faire griller 4 minutes de chaque côté.

Au cours de la cuisson, jeter sur les braises quelques brindilles de thym.

Servir chaud. Saler très peu et poivrer. Accompagner d'une salade verte.

Truite au persil en papillote

Pour 1 personne

1	truite
45 mL	de persil haché
	La chair d'un citron
	Sel et poivre

Préparer la truite. Mélanger le persil et les morceaux de citron. Saler très peu et poivrer.

Farcir le poisson. Enduire une feuille de papier d'aluminium d'huile, y envelopper le poisson et le déposer sur le gril. Cuire chaque côté de 6 à 8 minutes.

Carottes au thym à l'étuvée

Pour 1 personne

2 carottes
1 pincée de thym
  Sel et poivre

Laver les carottes et les couper en bâtonnets. Enduire une feuille de papier d'aluminium d'un peu d'huile, y déposer les bâtonnets, saupoudrer de thym, saler très peu et poivrer. Envelopper et cuire sur le gril jusqu'au degré de cuisson désiré.

Brochette de boeuf haché

Pour 1 personne

115 g	de boeuf haché
2	champignons
2	morceaux de poivron
4	petits oignons
15 mL	de moutarde
15 mL	d'huile
	Sel et poivre

Retirer le pied terreux des champignons et les laver. Façonner quatre petites boulettes de viande. Mélanger la moutarde, l'huile, le sel et le poivre. Enfiler sur une brochette boulettes de boeuf, morceaux de poivron, oignons, en alternant et en mettant à chaque bout un champignon. Badigeonner le tout avec la sauce et faire griller. Vers la fin de la cuisson, jeter sur les braises une pincée d'estragon.

Brochettes des Antilles

Pour 1 personne

4 quartiers de pamplemousse
4 quartiers d'orange
4 morceaux d'ananas
1 pincée de cannelle
  Sucaryl liquide (facultatif)

Enfiler les morceaux sur les brochettes en alternant les fruits. Verser quelques gouttes de sucaryl sur les fruits et saupoudrer de cannelle. Faire griller à 15 cm du gril pendant 5 minutes.

Brochette de veau

Pour 1 personne

4 cubes de veau
4 petites tomates
4 petits oignons
4 champignons
2 onces de sauce tomate à l'italienne
   Persil haché

Préparer les légumes. Enfiler sur les brochettes cubes de veau, tomates, champignons et oignons. Faire griller de chaque côté.

Servir chaud et napper de la sauce. Saupoudrer de persil haché. Accompagner d'une salade.

3

Les
petites choses
importantes
que vous devez
savoir

Bougez, que diable!

Il ne suffit pas de compter les calories pour maigrir, il faut apprendre à les dépenser. Appréciez les bienfaits de la «bougeotte» et vous ne pourrez plus vous en passer tellement vous vous sentirez en pleine forme et rajeuni. Ne vieillissez pas avant le temps, le temps s'en chargera assez vite. Refusez de vous ankyloser à quarante ans, les années le feront bien à votre place.

Le défaut d'exercice est malsain à la fois pour votre taille et votre santé, surtout si vous mangez trop, c'est-à-dire au-delà de vos besoins énergétiques. Vous vous empiffrez de nourriture et vous ne bougez pas. Ne soyez donc pas étonné que votre taille épaississe, que votre ventre vous empêche de voir le bout de vos pieds et que votre visage s'arrondisse comme la lune. Non, il est temps de réagir, sinon vous irez voir saint Pierre plutôt que prévu. Mais attention, ne vous lancez pas du jour au lendemain dans la pratique intensive de la gymnastique ou du sport, votre coeur ne le supporterait peut-être pas. Demandez l'avis de votre médecin avant d'entreprendre un programme de conditionnement physique.

Tout le monde le sait, l'exercice et le sport permettent à votre organisme d'éliminer les surplus de calories. Mais, ce qu'il faut surtout retenir, c'est qu'en plus ils vous permettent de maigrir tout en conservant à votre peau et à vos muscles toute leur fermeté.

Faites en sorte que l'exercice physique devienne pour vous une habitude quotidienne, au même titre que manger et dormir. Ainsi, ce ne sera plus une corvée.

Bannissez l'ascenseur

Les petits exercices simples font peut-être brûler peu de calories, mais si vous les multipliez, vous remarquerez qu'à la longue ils vous auront fait perdre plusieurs kilos.

Faites quotidiennement des mouvements simples et répétés qui, tout doucement, sans efforts importants et machinalement, brûleront des calories excédentaires:

1. Ne prenez pas l'autobus à l'arrêt le plus proche; marchez jusqu'au second.
2. Faites la même chose en revenant du travail.
3. Ne prenez jamais l'ascenseur. Si vous devez monter dix étages, arrêtez-vous tous les deux étages.
4. Faites une marche de quinze minutes après les repas du midi ou du soir.
5. Ne prenez pas votre voiture pour aller chercher le journal, allez-y à pied.

En définitive, rappelez-vous que l'amaigrissement commence lorsque vous dépensez plus de calories que vous n'en consommez.

Perdez votre ventre

Avoir du ventre est une chose détestable puisque, en plus d'être disgracieux, cela pose de sérieux problèmes vestimentaires. Personne ne se sent à l'aise avec un ventre proéminent. Les hommes qui ont une brioche détestent se regarder de profil dans un miroir et bien des femmes, même jeunes et minces, se plaignent de cette imperfection, si minime soit-elle.

Voyons d'abord ce qui peut amener une femme ou un homme à faire du ventre:

1. Les grossesses.
2. Les interventions chirurgicales au niveau de l'abdomen.
3. La constipation.

4. L'amidonisme qui favorise une production massive de gaz. En effet, les gens qui mangent beaucoup de pâtes et de pain se plaignent de ballonnements.
5. La sédentarité qui favorise la réduction de la ventilation pulmonaire, produisant sur les parois internes du ventre une poussée qui s'exerce du dedans vers le dehors.
6. Les troubles gynécologiques comme le «fibrome» de l'utérus.

Quelle qu'en soit la cause, vous pouvez remédier à ce problème. Il suffit, la plupart du temps, d'y mettre un peu du vôtre:

1. Il faut moins manger, surtout des amidons, pour diminuer la distention des organes digestifs.
2. Il faut rentrer son ventre. J'ai vu des centaines de femmes et d'hommes voir ainsi leur ventre s'aplatir de façon très marquée. La raison en est simple: les muscles grands droits de l'abdomen, sous l'effet de cet exercice, se contractent et deviennent plus fermes, amenant ainsi une diminution du tour de taille. Pensez donc fréquemment à rentrer votre ventre, que vous marchiez, que vous soyez en position debout, assise ou même allongée. Vous pouvez faire cet exercice en tout temps que ce soit à la maison ou au travail.
3. Il faut aussi faire un exercice spécifique. En position allongée sur le dos, jambes et bras tendus, levez simultanément les jambes et le torse pour vous asseoir. Comptez jusqu'à cinq avant de reprendre et recommencez vingt fois.
4. Il faut apprendre à respirer. Pour ce faire, contractez les muscles de votre ventre et inspirez en gonflant au maximum votre cage thoracique, la paroi abdominale restant complètement immobile. Gardez cette pose en retenant votre souffle le plus longtemps possible, puis videz complètement vos poumons de l'air et détendez-vous. Recommencez dix fois.

5. Il faut faire de la natation. Ce sport est très utile puisqu'il raffermit les muscles distendus du ventre et fait dépenser 800 calories en une heure.
6. Il faut éviter la constipation. Mangez donc beaucoup de légumes verts crus comme la laitue, le céleri, les concombres avec la pelure, le poivron, le chou, etc. Mangez aussi des fruits. Au réveil, buvez un grand verre d'eau.
7. Il faut consulter votre gynécologue une fois par année pour déceler tout trouble de l'utérus.

Voilà autant de conseils utiles qui vous permettront de perdre votre ventre et de vous sentir bien dans votre peau.

Madame, protégez vos seins

Les seins sont certes l'une des plus belles partie du corps de la femme. Toutes les précautions doivent être prises pour protéger leur beauté, leur santé et leur jeunesse. Certaines mesures sont à prendre:

1. Il faut éviter les variations importantes de poids, car elles peuvent avoir des conséquences graves côté esthétique. La peau qui recouvre le sein étant comme un tissu élastique, si vous l'étirez par un gain de poids important et qu'ensuite vous la détendez par un amaigrissement et que vous répétez ce manège plusieurs fois, elle s'éventera et vos seins deviendront flasques.
2. Il faut éviter un amaigrissement mal planifié. Si votre régime n'est pas suffisamment équilibré, et surtout s'il contient relativement peu de protéines, vos seins s'affaisseront puisque votre peau en a un besoin fondamental et quotidien pour se renouveler et pour conserver sa tonicité.

Autant que votre visage, vos seins exigent des soins journaliers au cours d'une perte de poids, et la négligence en ce domaine peut avoir de lourdes conséquences. Soyez diligente et imposez-vous une discipline si vous voulez conserver une belle poitrine. Il suffit de faire deux choses:

1. Donnez-vous tous les matins des douches d'eau froide. Elle tonifie la peau et fait se contracter les muscles peauciers.

2. Faites également tous les matins de la culture physique pendant cinq ou dix minutes. Pour accroître la fermeté de vos seins, pratiquez 20 fois ce mouvement: Mains tendues sur le sol, genoux reposant au sol, fléchissez et étendez les bras. Laissez le corps bien rectiligne des genoux aux épaules.

Ne mésestimez pas l'eau

Vous ne l'aimez pas. Vous allez jusqu'à la détester. Et, pourtant, elle est un facteur important dans toute cure d'amaigrissement. Il faut la respecter et, surtout, la prendre en douceur. Si vous n'avez pas l'habitude de boire de l'eau, commencez progressivement. Il ne s'agit pas d'enfiler de grands verres, mais bien de boire de petites gorgées le plus souvent possible.

Un jour, un grand épicurien a dit: «Que l'eau est donc bête puisqu'elle apaise la soif.» Il faisait peut-être allusion aux eaux javellisées de nos grandes cités qui demandent parfois un certain courage pour être bues. Néanmoins, l'eau demeure la boisson la plus rafraîchissante qui existe et, de surcroît, elle a une grande qualité qui n'est pas à négliger, celle de ne contenir aucune calorie.

Vous le saviez peut-être, sinon je vous l'apprends que votre corps est constitué de 70 p. 100 d'eau que l'on retrouve dans tous les tissus, y compris dans les os qui en contiennent 30 p. 100. L'eau est une boisson vitale pour notre organisme puisque, si nous en étions privés pendant quelque temps, nous mourrions par déshydratation.

Beaucoup de femmes boivent peu, croyant que l'eau va les faire enfler. Eh bien! détrompez-vous:

moins vous boirez d'eau plus vous la retiendrez puisque vos cellules vont l'économiser. Au contraire, vous avez intérêt à baigner vos cellules le plus possible (8 à 10 verres d'eau par jour), surtout si vous êtes portés à la rétention. Bien des femmes se plaignent de ne pas éliminer tous les liquides qu'elles boivent. Il est important que vous sachiez qu'on urine jamais autant que l'ensemble des liquides qu'on a absorbés. Si, de façon générale, l'eau entre dans notre corps par la bouche, elle en ressort par plusieurs voies:
- par l'urine
- par les selles
- par la peau
- par les poumons

Il est de tendance générale de croire que les gens gras sont des individus qui retiennent beaucoup d'eau. C'est, la plupart du temps, tout à fait faux. C'est connu, les personnes qui souffrent d'embonpoint sont de grands déshydratés. Le pourcentage d'eau que contient leur organisme est inférieur à la normale.

L'eau possède de grands avantages non seulement pendant une cure d'amaigrissement, mais aussi en tout temps. Les voici:

1. Le principal rôle de l'eau en est un de purificateur. En effet, si l'on urine davantage, on permet au rein d'éliminer les déchets organiques comme l'urée et l'acide urique. Au cours d'une perte de poids, ces déchets sont augmentés par la fonte du tissu graisseux. Il est donc important de boire beaucoup d'eau durant cette période.

2. En calmant les contractions de l'estomac, l'eau peut être un excellent coupe-faim.

3. L'eau est le meilleur diurétique naturel. Plus vous en buvez, plus vous urinez.

4. L'eau hydrate tous les tissus, y compris les muscles, dont elle conserve le tonus, et la peau, dont elle garde l'élasticité.

5. En hydratant les déchets alimentaires, l'eau prévient la constipation.

Boire de l'eau est sûrement une habitude à conserver toute sa vie.

Si un plateau se manifeste, ne vous découragez pas

Il se peut que pendant plusieurs jours, et même plusieurs semaines, votre perte de poids se fasse de façon graduelle, constante et régulière. Il se peut également qu'un plateau s'installe, c'est-à-dire une période de plusieurs jours où votre poids restera stable. Il ne faut surtout pas vous affoler si cela vous arrivait.

Ce plateau peut s'expliquer de deux façons: ou bien vous avez dérogé à votre régime, ou bien vous souffrez d'enflure. Dans le premier cas, il s'agit tout simplement de rectifier votre alimentation et, dans le deuxième, de consulter votre médecin si cette situation persiste. Ce phénomène de plateau se rencontre très rarement chez l'homme, mais il se voit assez fréquemment chez la femme. Quatre raisons peuvent provoquer chez celle-ci une rétention d'eau:

1. La tension prémenstruelle. Au cours des jours qui précèdent les menstruations, la variation d'hormones dans l'organisme de la femme peut favoriser l'accumulation d'eau dans ses tissus. Cette rétention sera responsable, dans certains cas, d'un gain de poids d'environ 1 kilo.

2. La période des menstruations. Lorsqu'il y a eu rétention d'eau au cours des cinq jours précédant les menstruations, elle peut persister les deux premiers jours et amener un plateau.

3. L'ovulation. Vers le milieu du cycle menstruel et au moment où l'ovaire libère une ovule, certaines femmes peuvent avoir un plateau qui s'installe pendant environ deux jours et qui peut se manifester par un gain de poids allant facilement jusqu'à 1 kilo.

4. La constipation. Ce phénomène est souvent responsable d'une enflure importante au cours d'une cure d'amaigrissement. C'est pourquoi, dès le moment où

vous notez un arrêt dans votre perte de poids, dû à la constipation, augmentez la quantité de légumes verts dans votre régime et utilisez une tisane laxative comme le thé des carmélites. Si cette situation persiste, signalez cette anomalie à votre médecin.

Pour maigrir, évitez la chaleur excessive

Les bains de parafine, le sauna et les bains tourbillons n'ont jamais fait maigrir personne. En effet, toutes ces sources de chaleur n'ont pour effet que de déshydrater vos tissus et de vous donner l'illusion d'avoir maigri.

Certes, en perdant de l'eau, vous perdrez du poids, mais ce ne sera que pour l'espace d'un moment. Dès que vous vous hydraterez et que vous vous alimenterez, votre organisme ira chercher toute l'eau que vous lui avez injustement enlevée.

Demandez donc l'avis de votre médecin avant d'utiliser de telles techniques.

Bannissez les diurétiques

Les diurétiques sont des médicaments qui, la plupart du temps, forcent le rein à augmenter la vitesse de formation de l'urine. Autrefois, on utilisait à cette fin différentes plantes préparées en infusion: queues de cerises, chiendent, etc. La science moderne a découvert, depuis plusieurs décennies, des substances chimiques pouvant remplacer ces remèdes de grand-mère, mais il faut avouer que si elles présentent l'avantage d'être plus puissantes, elles ont le désavantage d'être plus dangereuses à administrer.

Les diurétiques n'éliminent jamais de graisse, mais toujours de l'eau. Si au début de la journée vous avez pris une de ces pilules et qu'à la fin de l'après-midi votre balance marque un kilo de moins, dites-vous bien que ce n'est qu'une belle illusion puisque le kilo que le diurétique a littéralement arraché à votre corps ne contenait strictement que de l'eau et pas un gramme de graisse. Or cette eau, votre organisme en avait un grand besoin pour le bon fonctionnement de ses cellules.

Avec l'usage prolongé des diurétiques, il existe un *danger* certain pour le rein. L'utilisation de substances chimiques, pour forcer le rein à éliminer une plus grande quantité d'eau, ne se fait pas impunément. Il s'habitue à fonctionner à l'aide d'une béquille sournoise puisque lorsqu'on cesse de prendre le diurétique, on se retrouve en face d'un phénomène de sevrage très sérieux. En effet, vos tissus, gras ou maigres, deviennent comme une éponge sèche qui, dès le moment où vous arrêtez la médication, gonfle, gonfle et ne s'arrête plus de gonfler. La prise de poids devient alors incontrôlable.

Il ne faut également pas oublier que par la déshydratation qu'ils provoquent, les diurétiques favorisent l'assèchement de la peau et l'apparition prématurée des rides.

En résumé, rappelons-nous deux choses:

1. On ne maigrit jamais en perdant de l'eau.
2. On maigrit toujours en perdant de la graisse.

Perdez
votre cellulite

La cellulite a fait couler beaucoup d'encre. Pour certains, il s'agit d'une vue de l'esprit suggérée à l'imagination féconde des femmes rondelettes. Pour d'autres, c'est un phénomène normal auquel on ne doit attacher aucune importance. Pourtant, la cellulite localisée existe, et il est difficile de parler de vue de l'esprit devant cette forme particulièrement disgracieuse que l'on constate au niveau des hanches et des cuisses et qu'on appelle la culotte de cheval. Malgré tous les soupçons que nourrissent certains hommes de science quant à l'existence de la cellulite, je pense que la majorité des femmes sont là pour dire qu'elle correspond à une réalité frappante et qu'elle est bien en chair.

Autrefois, les médecins n'attachaient aucune importance au régime dans le traitement de la cellulite. Ils se limitaient à prescrire des infiltrations d'enzymes et à donner des diurétiques. S'il est un mythe à détruire quand on parle de cellulite, c'est celui de l'inutilité du régime. Il reste au contraire la base fondamentale de tout traitement sérieux visant à la destruction des bourrelets cellulitiques. Il doit répondre à trois conditions :

1. Il devra être équilibré, c'est-à-dire qu'il devra assumer les besoins nutritionnels de l'organisme sans provoquer de carence en vitamines et en sels minéraux.

2. Il devra permettre une vie active en autorisant 1 200 à 1 500 calories.

3. Il devra permettre un nombre d'aliments suffisamment varié pour ne pas provoquer le dégoût.

L'expérience, tentée tant en France qu'au Québec sur 3 500 femmes, a démontré qu'un régime efficace pour faire disparaître la cellulite doit être très riche :

1. En protéines animales et végétales (viandes, poissons, oeufs, fromages, lait, yogourt, légumes secs, céréales).

2. En légumes de toutes sortes. Il ne suffit pas de manger deux ou trois sortes de légumes, il faut, au contraire, les varier à l'infini pour pouvoir y puiser le plus de vitamines possible et le maximum de sels minéraux (calcium, fer, sodium, potassium, magnésium).

3. En fruits, non seulement parce qu'ils contiennent également beaucoup de vitamines et de sels minéraux, mais aussi parce qu'ils renferment un sucre naturel, le fructose, qui évite la rétention d'eau qu'autrement provoquerait le sucre raffiné.

4. En eau. Sans eau, ne comptez pas perdre votre cellulite puisque l'élimination des déchets, au cours d'une perte de poids ou de cellulite, se fait par le rein. Or le rein nécessite beaucoup d'eau pour éliminer l'urée et l'acide urique. Il faut donc boire de l'eau ou des eaux minérales plates, c'est-à-dire non gazeuses.

En principe, le régime contre la cellulite est simple, mais il sous-entend plusieurs interdits dont dépend la réussite de votre cure. Les voici:

1. En premier lieu, les sucres ou hydrates de carbone raffinés, sous quelque forme que ce soit (bonbons, pâtisseries, confiseries, boissons gazeuses sucrées, pain blanc, pâtes, etc.).
2. Le sel. Il ne faut pas le supprimer complètement, mais on doit en réduire le plus possible l'utilisation.
3. Les excitants tels que thé et café forts, le tabac, les boissons alcoolisées.
4. Le vin: au lieu de mettre de l'eau dans son vin, colorer son eau d'un peu de vin.
5. Les charcuteries et les conserves.
6. Les consommés en conserve et la plupart des bouillons en cubes.
7. Les cornichons salés et les olives.
8. Les eaux minérales gazeuses.

Appuyé par de nombreuses expériences, le régime riche en protéines et pauvre en sucre s'avère le plus efficace dans le traitement de la cellulite.

Avec du recul, je constate que les résultats obtenus semblent durables lorsque la patiente poursuit longtemps son régime et qu'elle ne revient pas à ses mauvaises habitudes alimentaires.

Attendez d'avoir maigri
avant de faire traiter
votre cellulite

Il n'est cependant pas nécessaire d'avoir atteint votre poids idéal pour traiter votre cellulite, il suffit tout simplement de ne pas peser plus de 10 kilos au-dessus de ce poids.

Beaucoup de patientes me demandent d'instituer un traitement anticellulitique dès le début de leur cure d'amaigrissement. Je leur explique alors que cela serait tout à fait inutile puisque, étant obèses, les bourrelets inflammatoires de la cellulite ne peuvent paraître dans un enrobage graisseux massif.

Si, une fois que vous avez suffisamment maigri, vous constatez que vous êtes malheureusement nantie d'une culotte de cheval bien opulente ou de bourrelets disgracieux, parlez-en à votre médecin. Il vous proposera un traitement approprié.

Croyez aux bienfaits
du gant de crin

La majorité des femmes, qu'elles soient grassouillettes ou minces, se plaignent de trous au niveau des fesses, d'une peau d'orange aux cuisses, de bourrelets à la taille ou d'une culotte de cheval aux hanches. Toutes ces disgrâces, qui font le malheur des filles de Vénus, peuvent être éliminées, du moins en grande partie, à l'aide d'un gant de crin.

Utilisez donc quotidiennement votre gant pendant cinq minutes et vous obtiendrez un excellent résultat. Faites un mouvement circulaire en partant du genou et en montant graduellement jusqu'à la taille. Il est important que vous fassiez ce mouvement sur le devant, à l'extérieur, à l'arrière et à l'intérieur de la cuisse. Vous devez vous rappeler que, pour être efficace, l'application du gant de crin doit toujours se faire de bas en haut, c'est-à-dire dans le sens de la circulation du sang vers le coeur.

Le gant de crin joue un rôle important, tant au point de vue de votre santé que de votre beauté:

1. Il équivaut à un massage.
2. Il active la circulation.
3. Il draine les déchets de la cellulite dans la circulation de retour.

Toutes les femmes devraient employer un gant de crin pour masser leur corps, et ce chaque jour, au même titre que dormir et manger. Elles en retireraient un bienfait inattendu et sans égal.

Évitez l'hypotension orthostatique

Ne vous affolez pas devant des mots aussi barbares. Ils veulent tout simplement dire: diminution de la pression artérielle au moment des changements de position. L'hypotension peut se manifester au cours de n'importe quel régime amaigrissant, soit lorsque vous passez de la position assise à debout, soit lorsque vous montez ou descendez un escalier ou lorsque vous vous accroupissez et que vous vous relevez. En somme, tout changement de position trop rapide peut provoquer une diminution de la tension artérielle. Cette situation n'est pas dangereuse, mais elle peut apporter certains inconvénients:

- étourdissements
- sensation de lassitude
- manque d'entrain
- manque d'énergie
- sensation de faiblesse
- somnolence

Il est facile de prévenir ces désagréments en prenant les quatre précautions suivantes:

1. En s'éveillant, il ne faut jamais sauter d'un bond hors de son lit. Il faut d'abord s'étirer comme le fait un chat, puis s'asseoir ensuite une minute sur le bord avant de se lever.
2. Durant la journée, il faut constamment penser à changer de position plus lentement.
3. Il ne faut pas supprimer totalement le sel, mais il faut l'utiliser parcimonieusement.
4. Il faut boire, au cours de la journée, quelques verres d'eau gazeuse.

Mettez
votre grain de sel

Le sel de table, qui en terme scientifique s'appelle chlorure de sodium, a une importance vitale chez l'être humain puisqu'il contribue à équilibrer la quantité d'eau dans l'organisme.

Sans sel, notre corps se viderait littéralement de toute l'eau qu'il possède. Il a son importance au cours des saisons très chaudes puisqu'il empêche notre organisme de se déshydrater. C'est pourquoi les voyageurs du désert doivent absorber des comprimés de sel s'ils ne veulent pas subir les conséquences de la déshydratation.

Le sel ne fait grossir personne, et ce n'est pas en le supprimant que vous allez maigrir. Sa suppression ne fait perdre qu'un kilo au maximum dans les premiers jours d'un régime et cette perte ne se fait pas aux dépens de la graisse, mais plutôt, malheureusement, aux dépens de l'eau que vous avez arrachée à votre organisme. Ce qui veut dire que dès que vous remangerez, même des aliments légèrement salés, vous réengraisserez rapidement.

En définitive, il ne faut pas supprimer le sel puisqu'il est important pour notre santé. Il s'agit tout simplement de ne pas en abuser.

Évitez à tout prix
la constipation

Ce phénomène, qui se caractérise par la rareté ou l'insuffisance des évacuations intestinales, peut certes occasionner des maux de tête, des nausées et des douleurs abdominales plus ou moins vives, mais ce qui nous intéresse avant tout, c'est son influence sur la perte de poids. En effet, une constipation qui atteint trois jours, chez une personne qui suit une cure d'amaigrissement, peut lui occasionner facilement un gain de poids d'un kilo par la rétention d'eau qu'elle provoque.

Il faut donc traiter la constipation de toute urgence lorsqu'elle se présente :

1. Le régime. Il faut donc augmenter la proportion des aliments qui laissent des résidus de cellulose dans le colon, favorisant ainsi les contractions intestinales. On doit consommer des légumes verts crus (laitue, céleri, endives, chou, etc.), des fruits, surtout des pruneaux, et des céréales de son.

2. L'eau. On connaît l'importance de l'eau au cours d'une perte de poids, mais on méconnaît son efficacité dans le traitement de la constipation. L'ingestion d'un ou deux grands verres d'eau le matin, à jeun, favorise souvent l'évacuation de l'intestin.

3. L'exercice. La sédentarité contribue à rendre l'intestin paresseux, tandis que la marche et l'exercice au grand air contribuent à son bon fonctionnement.

4. La régularité. Il faut s'imposer une heure fixe tous les matins, avant ou après le petit déjeuner, pour aller à la selle.

5. La salade. Prenez l'habitude de manger une salade de légumes verts au repas du soir en y incorporant tous les deux jours de l'huile de parafine et du vinaigre, des fines herbes, du poivre et un peu de sel.

6. Les laxatifs. Le thé des carmélites et la graine de séné sont des produits naturels très utiles en cas de constipation.

7. Les mucilages. Ce sont des subtances végétales qui gonflent dans l'eau. On les utilise avec succès contre la constipation puisqu'elles augmentent le volume du bol intestinal et favorisent les contractions.

8. Les moyens drastiques. Si la constipation atteint trois jours, il ne faut pas hésiter à utiliser des suppositoires de glycérine ou un lavement pour libérer l'intestin.

Si malgré tous ces conseils, la constipation persistait, consultez un médecin.

Évitez
les coupe-faim chimiques

Les anorexiques, que nous appelons aussi coupe-faim chimiques, sont des médicaments qui freinent l'appétit. Même s'ils exaltent les qualités psychiques, s'ils atténuent ou suppriment les sensations de fatigue et s'ils enlèvent incontestablement la sensation de faim, ils n'en sont pas moins néfastes pour la santé à cause de leurs propriétés excitantes.

1. Utilisés pendant quelques semaines, ils développent un nervosisme très marqué qui se manifeste par de l'anxiété, de l'irritabilité et des troubles du comportement.

2. L'utilisation des coupe-faim chimiques provoque, dans 90 p. 100 des cas, l'insomnie avec toutes les conséquences que celle-ci entraîne.

3. L'utilisation des anorexiques est contre-indiquée non seulement chez les déprimés, mais aussi chez les sujets normaux. En effet, l'emploi de ces substances chimiques a pour effet de stimuler le système nerveux de façon artificielle et excessive, c'est-à-dire de le faire fonctionner au-dessus de sa capacité normale. Au moment où elles cessent de prendre des coupe-faim, bon nombre de personnes tombent dans un état dépressif susceptible d'avoir une suite de répercussions graves.

4. La plus grande objection que l'on puisse soulever, en ce qui a trait aux coupe-faim, demeure l'espoir

inutile qu'ils procurent. Le drame, c'est qu'ils permettent à l'obèse, en se substituant à sa volonté, de maigrir sans aucun effort. La faim, nous l'avons dit à plusieurs reprises, est un phénomène naturel qu'on ne peut impunément freiner artificiellement. Les anorexiques procurent une fausse sécurité puisque, dès qu'on les abandonne, la faim, qui a été contrôlée artificiellement par une substance chimique, reviendra à son état naturel. Le gain de poids suivra rapidement puisque le patient, au cours d'une telle cure d'amaigrissement, n'aura pas acquis de nouvelles habitudes alimentaires.

Tout le monde est d'accord. Il faut perdre des kilos, mais il ne faut pas perdre la santé en même temps. C'est une richesse trop précieuse pour la laisser aller puisque même les millionnaires qui l'ont perdue ne peuvent l'acheter. C'est pourquoi les coupe-faim chimiques, avec les risques sérieux qu'ils comportent, devraient être relégués aux oubliettes le plus rapidement possible. Évitez donc ces substances qui n'ont d'autre effet que nourrir vos illusions. Maigrir doit faire partie d'un cheminement au cours duquel on doit éviter les artifices pour faire place au réalisme, car maigrir c'est consentir à assumer une nouvelle vie.

Évitez
les tranquillisants

Notre société moderne, avec son rythme effréné, exige des êtres humains une capacité d'adaptation que beaucoup d'entre eux ne peuvent subir ni accepter. Le stress qui en résulte porte une grande partie de la population à consommer des tranquillisants pour les aider à traverser les vicissitudes de la vie. Mais les gens qui ont des problèmes de poids ignorent, la plupart du temps, que bon nombre de tranquillisants font grossir.

Les personnes qui veulent maigrir doivent savoir que les tranquillisants peuvent leur causer bien des désagréments:

1. Donner une faim de loup.

2. Provoquer d'irrésistibles rages de sucre.
3. Empêcher de régler soi-même ses problèmes.
4. Affecter la mémoire et la vivacité d'esprit.

Laissez donc les tranquillisants de côté puisqu'ils font souvent grossir et qu'ils ne servent qu'à camoufler la réalité. Utilisez plutôt des plantes tranquillisantes si vous éprouvez le besoin de vous calmer. Le tilleul, l'oranger, la marjolaine et la lavande feront tout aussi bien l'affaire.

Pour vous détendre, buvez une tisane calmante

Si vous avez pris la décision d'entreprendre une cure d'amaigrissement dans une période où vous vous sentez nerveuse (ou nerveux), vous aurez du mal à persister dans vos efforts. Par contre, si votre régime se poursuit à une allure de croisière, il peut quand même arriver que certains facteurs amènent une tension, comme le fait de ne pouvoir manger votre mets préféré, comme l'agacement que peuvent vous apporter les gens qui vous entourent, surtout lorsqu'ils mangent des aliments que vous aimez, et comme les efforts de tous les instants que vous devez fournir.

Donc, si tel est le cas, pourquoi n'utiliseriez-vous pas une plante au lieu d'un tranquillisant chimique pour diminuer la tension que vous subissez? En effet, le tilleul, plante dicotylédone à feuilles simples et stipulées, à fleurs blanches ou jaunâtres, très odorantes, est un calmant simple et inoffensif pour ceux qui souffrent de nervosisme et d'insomnie. Voilà un instrument de plus qui saura vous aider au cours de votre perte de poids.

Dormez,
c'est important

Notre système nerveux est la centrale électrique de notre corps et ses piles se rechargent pendant la nuit pour permettre à notre organisme de reprendre son activité normale le lendemain.

Le sommeil est très important pour les gens qui entreprennent une cure d'amaigrissement, car son absence risque de compromettre leurs chances de succès. L'insomnie est doublement néfaste:

1. Elle est une source de tension, d'anxiété et d'insatisfaction qui peut mener à compenser en mangeant et, surtout, en mangeant sans discernement.

2. Elle est une cause d'oedème. Les gens, surtout les femmes, qui dorment mal ont très souvent tendance à enfler et à retarder ainsi leur perte de poids.

Dormir est un besoin quotidien dont on peut difficilement se priver. Si vous voulez bien maigrir, je vous suggère de profiter d'une nuit de sommeil d'au moins huit heures.

Sachez vous occuper

L'oisiveté est la mère de tous les vices, dit-on. Le vice de trop manger ne fait pas exception à cette règle. Il n'y a rien de plus décevant, ni de plus dramatique, ni de plus inquiétant pour un médecin, une infirmière nutritionniste ou une diététiste de s'entendre dire de la part d'une personne obèse: «Je mange parce que je m'ennuie.» Beaucoup de gens seraient pourtant très heureux d'avoir le privilège de disposer d'une 25e heure dans une journée pour terminer un travail, pour lire un livre, pour consacrer plus de temps à un sport, pour jouir plus longuement de la beauté d'un paysage et pour déguster plus lentement le temps de vivre pleinement. Pour vivre, il faut avant tout avoir une raison de le faire. Il faut construire sa vie de manière à la meubler de façon complète et intensive en se créant constamment des défis. Ainsi, vous ne consacrerez pas tout votre temps à satisfaire uniquement vos sens.

Pour atteindre et conserver votre poids idéal, il faut non seulement vous trouver une raison de vivre, mais il faut vous imposer une discipline ferme. Vous devez vous établir d'avance un plan quotidien de régime de vie qui doit se diviser entre le travail et les loisirs. Soyez constamment actif et évitez les moments vides qui ne sauraient que favoriser le grignotage. Bien des obèses vous le diront: lorsqu'ils sont occupés, ils ne pensent pas à manger, mais lorsqu'ils n'ont rien à faire, ils ont déjà la main sur la porte du réfrigérateur ou du garde-manger.

Pour éviter de tomber dans le piège de la gourmandise, planifiez votre journée la veille ou plusieurs jours à l'avance. Ainsi tous vos moments de la journée seront remplis et vous n'aurez pas l'occasion de manger de façon désordonnée.

Refusez
d'être esclave

Souvenez-vous que les démons qui vous entourent sont nombreux et bien décidés à vous faire flancher. Qu'il s'agisse des panneaux-réclame, des journaux, de la radio ou de la télévision, tous ces moyens audiovisuels sont d'accord pour flatter vos sens puisque leurs intérêts se situent au niveau de la rentabilité.

Aviez-vous pensé que manger sans faim, à tout moment, n'importe où et sans raison, signifiait que vous étiez profondément dépendant de la nourriture et que vous en étiez dangereusement esclave? Aviez-vous songé que vous étiez peut-être prisonnier et victime de vos sens et que si vous flanchiez à la moindre occasion et à la moindre sollicitation, cela signifiait que vous étiez littéralement possédé et mis en otage par vos aliments?

Non, vous êtes trop indépendant et trop fier de vous pour sacrifier votre liberté. Quittez au plus tôt cet esclavage. Affirmez-vous. Vous avez le droit d'être mince et de proclamer votre indépendance vis-à-vis des aliments. Soyez une femme, soyez un homme, et ne vous laissez pas bêtement conduire comme un animal.

Choisissez donc d'être bien dans votre peau plutôt que de devenir esclave de votre assiette. Vous vous sentirez plus libre et vous deviendrez plus autonome.

4

Pourquoi
ne pas composer
avec
votre entourage ?

Sachez vous distraire

Les obligations et les contraintes de la vie moderne sont génératrices de tension et de stress. Or, tout le monde sait qu'un régime amaigrissant peut aussi être une source de tension, tout au moins au début. On sait également qu'une personne grasse qui ne se sent pas bien dans sa peau éprouve un sentiment d'insatisfaction envers elle-même. Tout ceci pour dire que plusieurs facteurs peuvent être à l'origine d'une tension nerveuse. Il ne faut pas ajouter un troisième élément de stress en adoptant des habitudes casanières. Il ne faut pas vous replier sur vous-même en prétextant que vous devez vous tenir éloigné des autres parce que vous suivez un régime.

Pour bien maigrir, il faut savoir bien vivre. Il faut composer avec la société; il faut participer aux activités des gens qui vous entourent; il faut cultiver des valeurs sûres comme l'amitié. Pour réaliser ces choses, il faut côtoyer les gens; il faut accepter leurs invitations; il faut les rencontrer, les recevoir.

Chercher la détente en fréquentant des gens intelligents, compréhensifs, c'est vous assurer de puissants appuis capables de vous aider dans votre démarche.

Distrayez-vous avec vos parents, avec vos amis en les accompagnant au cinéma, en vacances, en piquenique, à la plage, au théâtre, aux fêtes, au restaurant, aux anniversaires. Vous ne risquerez rien puisque votre motivation est très solide. Il s'agit tout simplement de vous comporter de façon intelligente.

Pour bien maigrir, on doit fuir l'agression et rechercher le calme, le repos et la détente. Il ne faut pas seulement travailler, il faut aussi trouver une soupape de sécurité. Voilà le remède contre le stress et l'obésité.

La vie ne peut être faite que de tristesse et de monotonie. Il faut savoir rire et s'amuser.

Vivez quand même en société

Ce n'est pas parce que vous avez pris la décision de maigrir que vous devez vous isoler de votre entourage. Au contraire, vous devez vous en rapprocher pour ne pas vous sentir esseulé(e). De bons parents, de bons amis sont souvent les appuis sur lesquels vous pouvez compter dans les moments difficiles. Renoncer à votre vie sociale signifierait adopter une attitude malsaine puisque vous vous sentiriez malheureuse (ou malheureux). Dites-vous bien que les gens gras sont suffisamment frustrés par leur poids. Il serait dangereux et néfaste d'ajouter d'autres insatisfactions comme l'ennui et le désabusement.

De toute façon, si vous acceptiez de vivre en vase clos pendant la période de votre cure d'amaigrissement, vous le feriez dans un milieu artificiel. Il est possible de maigrir isolé de tout le monde, de toute rencontre, de toute invitation, bref de toute vie sociale, mais un jour il faudra faire face à la réalité: rencontrer des amis, participer à des fêtes familiales, accepter des dîners d'affaires, etc. Or, si vous n'avez pas appris à composer avec toutes ces situations et à vous en sortir dans toutes les circonstances, vous ne pourrez pas conserver le poids idéal que vous aurez atteint. Il vaut donc mieux assister aux réjouissances que l'on vous propose et accepter les invitations que l'on vous fait sans pour autant laisser tomber votre régime. Pour y arriver, il suffit tout simplement de prendre, entre autres, les quelques précautions que je vous suggère dans un chapitre ultérieur intitulé: Ne refusez pas d'aller à une réception. Vous comprendrez alors qu'il est possible de s'amuser sans déroger à son régime.

Attention
à votre entourage!

La décision bien arrêtée de vouloir maigrir est admirable puisqu'elle fait souvent suite à une longue réflexion et qu'elle dénote un courage exemplaire. Vous avez droit à toutes mes félicitations.

Mais attention, ceux qui vous entourent ne sont pas nécessairement tous de votre avis et ils seront peut-être les premiers à vous envier et les derniers à vous approuver. En effet, bien des gens essaieront de vous décourager au cours de votre régime, mais n'oubliez pas que ce sont, pour la plupart du temps, ceux qui auraient avantage à maigrir qui tenteront de vous dissuader. D'une certaine façon il faut les comprendre puisque vous êtes en train d'atteindre le poids et la taille qu'ils convoitent depuis longtemps. Vous allez rajeunir de dix ans et vous voudriez que ces pauvres gens se taisent et subissent en silence l'odieux de votre minceur? Il faut être réaliste. Vous voir devenir belle (ou beau) et heureuse (ou heureux) est la suprême insulte. Non, ils ne vous le pardonneront jamais et ils prendront tous les moyens pour vous dissuader de suivre votre régime. Voici quelques exemples de ce que vous êtes susceptible d'entendre:

- Mais tu as mauvaise mine, ton régime ne te va pas!
- Arrête de maigrir, ça ne te va pas!
- Regardes tes joues, elles sont toutes creuses!
- Fais attention, tu vas tomber malade!
- Ce régime est mauvais, tu réengraisseras aussitôt!
- Bois un verre, ça ne te fera pas de mal!
- Mange une bouchée, ça ne fera pas de tort à ton régime!
- Ce soir, nous t'invitons au restaurant!
- Tu ne peux pas refuser, c'est l'anniversaire de ton filleul!

Et la liste des sottises pourrait s'étendre encore. Souvenez-vous toujours que l'on vous envie. Ce sera votre meilleure défensive contre vos opposants.

Sachez choisir
vos amis

Vous venez de prendre la décision de maigrir, c'est admirable et je vous en félicite. Ce qui est important, c'est que vous venez de poser un acte positif. Prenez bien conscience que votre vie en sera complètement transformée. Le fait d'être mince changera vos relations avec les autres, vous permettra de porter des vêtements plus seyants et vous fera connaître un bonheur peut-être encore jusqu'ici inconnu, celui de vous sentir bien dans votre peau.

Il est essentiel, pour votre bien-être, que vous sachiez reconnaître vos vrais amis. S'ils sont réels et sincères, ils n'auront pas la mauvaise idée de vous convier à une réception où il y a surabondance de mets incompatibles avec votre régime. Au contraire, s'ils vous aiment, ils le prouveront en présentant à tous leurs invités un menu sain, diététique et équilibré. Ils éviteront d'offrir une deuxième portion du plat principal. Discrètement, ils placeront, devant vous, une carafe d'eau. Au cours du repas, ils feront en sorte de ne pas discuter de gastronomie et de la valeur du bon vin. Ils ne vous diront pas: «Prends seulement une gorgée», ou encore: «Goûte juste à un petit morceau, ce n'est pas ça qui va te faire engraisser.»

Les vrais amis, ce sont ceux qui respecteront votre décision et qui ménageront tous leurs efforts pour vous procurer, en toutes circonstances, les moyens de suivre votre régime.

Faites le jeu
du perroquet

Vous allez bien, tout se déroule normalement, vous vous adaptez facilement à votre régime, votre poids diminue de façon régulière, vous êtes de plus en plus heureux de votre aspect physique et vous avez de plus en plus le goût de maigrir et de rester mince.

Avec raison, vous ne refusez aucune occasion de sortir. Vous acceptez les invitations au restaurant, vous suivez vos amis dans les réceptions, vous visitez votre famille et vous allez même en voyage. Mais il existe, et vous le savez bien, de faux bons amis qui essaieront, par tous les moyens, de vous faire déroger à votre régime. Si jamais l'un d'entre eux ou même plusieurs tentaient de vous faire flancher en vous disant, par exemple: «Prends un verre, ce n'est pas ça qui va te faire engraisser!» utilisez *le truc du perroquet*.

Cette méthode est très efficace, surtout si vous êtes facilement influençable. Elle est, de plus, très simple. Devant quelqu'un qui vous sollicite, il s'agit de toujours répondre par la même phrase. Choisissons, par exemple, la plus facile: «Non, merci!» Cependant, cette méthode n'est valable qu'à cinq conditions. Les voici:

1. Votre réponse doit être rapide: il ne doit s'écouler qu'une fraction de seconde avant que vous disiez: «Non, merci!»

2. Vous devez prononcer clairement et avec autorité: «Non, merci!»

3. Votre voix ne doit pas changer d'intensité: «Non, merci!»

4. Vous ne devez changer aucun mot à votre phrase: «Non, merci!»

5. Vous devez la répéter à chaque sollicitation: «Non, merci!»

Soyez sûr(e) et certain(e) que si vous respectez les cinq conditions que je viens d'énumérer, vous désarçonnerez rapidement, en quelques secondes ou quelques minutes, quiconque se sera acharné à vous faire flancher. Ainsi, vous serez tranquille pour le reste de votre repas ou de votre soirée.

Maigrissez
en famille

Comptez sur des valeurs sûres comme la famille, l'amitié et l'amour, et vos chances de réussir seront très grandes. Votre famille, avec tout l'amour qu'elle vous porte, le goût de vivre longtemps à vos côtés et le désir de vous voir en santé et en pleine forme, demeure votre valeur la plus sûre pour vous aider à atteindre le but que vous vous êtes fixé.

Le régime que vous suivez sera certes bon pour votre santé physique et morale, mais il le sera aussi pour celle de votre famille et en particulier de vos enfants.

Si vous suivez un régime de 800 à 1 000 ou 1 200 calories, faites-le en famille, car ce genre de régime s'intègre non seulement à une période de maintien et de stabilisation fort importante pour celles et ceux qui viennent de perdre leurs kilos en trop ou qui désirent maigrir lentement, mais il fait aussi partie d'une phase d'apprentissage à de nouvelles habitudes alimentaires. Lors de vos consultations, demandez à votre médecin comment adapter un tel régime à l'alimentation familiale.

Maigrir en famille veut non seulement dire participation de l'entourage, c'est-à-dire du conjoint et des enfants, mais aussi adhésion de ceux-ci à une nouvelle conception de l'alimentation. Bien s'alimenter est une démarche valable pour tout le monde, même ceux qui n'ont pas de problème de poids. Il ne suffit pas d'être gros pour subir les conséquences d'une mauvaise alimentation. Même minces, l'enfant et l'adulte qui s'alimentent mal souffriront éventuellement de l'une des nombreuses maladies de la nutrition: diabète, angine de poitrine, hypertension, infarctus, artérite, etc.

Tout en suivant votre régime amaigrissant et en y faisant participer votre famille, vous protégerez la santé de votre conjoint et vous empêcherez peut-être votre fils de faire un infarctus à 40 ans et votre fille de déclencher un diabète à 45 ans.

Ne refusez pas d'assister à une réception

Ce n'est pas parce que vous êtes au régime que vous devez refuser une invitation à une réception et rester ainsi isolé des amis, de la famille et de la société en général. Vous n'avez pas, après tout, fait le voeu de passer le reste de votre vie dans un cloître. Vous avez quand même le droit de participer aux plaisirs et aux distractions de votre entourage.

Vous ne devez pas vous punir parce que vous vous êtes imposé une discipline qui éventuellement vous rendra heureux. Il est important que vous goûtiez aux plaisirs de la table en compagnie de ceux que vous aimez, car si vous vous en privez au cours de votre régime et de votre période de maintien, vous aurez du mal, une fois revenu à une vie plus normale, à vous adapter à vos nouvelles habitudes alimentaires.

Mais, au cours d'une réception, que se passe-t-il? On vous offrira évidemment des boissons alcooliques et, soit au début ou en fin de soirée, on vous invitera peut-être à partager un buffet abondamment garni de mets engraissants. Que ferez-vous? Voici quelques conseils qui vous aideront:

1. Gardez toujours votre verre plein, on ne vous reservira pas.

2. Mettez de l'eau dans votre vin en prétextant un malaise d'estomac ou un engorgement du foie.

3. À la place d'une boisson alcoolique, demandez un grand verre d'eau minérale gazeuse, avec des glaçons et une tranche de citron. Tous les convives croiront que vous prenez une consommation comme tout le monde.

4. Choisissez des boissons alcoolisées pauvres en calories : vin ou scotch étendu d'eau plutôt que cocktails sucrés.

5. Allez aux toilettes votre verre à la main. Vous aurez tout le temps pour substituer la boisson à l'eau.

6. Mangez des oeufs dans le vinaigre avant de partir de la maison. Un aliment aussi nourrissant vous enlèvera la faim.

7. Si l'on insiste pour que vous mangiez, prenez des crudités, il y en a toujours.

Ne refusez pas une invitation à une réception. Il y a toujours moyen de s'en sortir tout en ayant du plaisir.

Suivez votre régime, même au restaurant

Manger au restaurant est un plaisir que tout le monde aime s'offrir puisqu'il est souvent synonyme d'évasion, de repos et de détente. Manger en tête à tête, avec quelqu'un qu'on aime, demeure toujours un moment agréable et parfois sublime.

Mais pour les gens qui sont au régime, cela représente parfois un défi de taille que plusieurs ont du mal à relever. Cependant, il y a un moyen de vous en sortir. Suivez mes conseils et vous verrez comme c'est facile :

1. Choisissez un restaurant où vous pourrez trouver des grillades, des poissons et des salades.

2. Si vous êtes invité et que vous n'avez pas le choix du restaurant, composez-vous mentalement un menu avant de franchir la porte de l'établissement.

3. Une fois assis à la table, refusez le menu et commandez sans hésitation les plats que vous avez déjà choisis. Vous mangerez sûrement bien puisque vous aurez vous-même élaboré votre festin.

4. Comme apéritif, demandez une eau gazeuse avec citron.

5. Prenez un verre de vin plutôt qu'une bière.

6. Commencez votre repas par une immense salade. C'est nourrissant et bon pour la santé.

7. Choisissez un poisson poché avec citron, une tranche de rosbif, une côtelette de veau, un steak haché accompagné de moutarde.

8. Au dessert, demandez une salade de fruits frais ou tout simplement des fraises ou une pomme. Votre taille s'en ressentira.

9. Déposez vos ustensiles dès que vous êtes rassasié(e), cela vous évitera de manger au-delà de votre faim.

10. Un dernier truc: mangez très lentement, c'est la clé du succès.

En société, ne videz jamais votre verre

Les occasions sont nombreuses et les gens qui veulent vous faire succomber le sont encore plus. Par contre, vous ne devez jamais maigrir seul, ce serait une grave erreur. Faites-le en société puisqu'on ne peut vivre éternellement isolé dans sa tour d'ivoire.

Au cours des dîners, des réunions ou des parties, on vous offrira sûrement un verre et peut-être serez-vous, à ce moment-là, en pleine phase d'amaigrissement ou au début de votre période de stabilisation. Alors voici un conseil: que vous vous trouviez au restaurant, chez des amis, à l'hôtel, et qu'on remplisse votre verre, ne le videz jamais, il sera toujours plein... Ainsi vous pourrez participer à toutes les rencontres, peut-être pas au même diapason que les autres, mais votre soif sera sûrement étanchée par le plaisir d'être mince et par le flot de compliments que vous recevrez.

Quoi faire aux anniversaires, aux noces, aux fêtes?

Il est toujours embêtant, quand on est au régime ou qu'on se trouve en phase de maintien, d'assister à une noce, à un anniversaire ou à une fête. Habituellement, les aliments qu'on y sert ne sont pas dans la lignée de ceux que vous avez appris à consommer au cours de votre cure. Mais il faut quand même vivre en société tout en ne compromettant pas les résolutions que vous avez prises et les résultats que vous avez obtenus ou êtes en voie d'obtenir.

J'ai pensé vous donner quelques trucs pour que, dans ces circonstances, vous puissiez vous tirer d'embarras. En définitive, il y en a trois:

1. Vous refusez carrément tout aliment en prétextant une maladie quelconque.
2. Vous faites un compromis en ne mangeant que les aliments qui conviennent à votre régime. Bourrez-vous de crudités et insistez sur les légumes.
3. Vous utilisez le truc classique qui consiste à manger des protéines avant de partir de chez vous: du fromage, des oeufs durs ou un morceau de viande froide.

Votre comportement dépendra de la force de votre motivation.

5

La motivation, c'est votre alliée

Appuyez-vous
sur une forte motivation

On doit maigrir avant tout pour conserver sa santé et ensuite pour se sentir bien dans sa peau. En vingt ans d'expérience, j'ai trop vu de gens entreprendre un régime amaigrissant uniquement parce que leur soeur, leur père, leur ami, leur mère avaient fondu comme de la neige au soleil. Une motivation bâtie sur une raison aussi futile ne peut vous mener qu'à l'échec. Maigrissez avant tout pour vous-même, jamais pour les autres, même pas pour votre conjoint ou conjointe.

La motivation n'est pas un présent qui nous tombe du ciel. Elle ne nous vient pas non plus de nos parents, de nos voisins, de nos amis. Elle est le fruit de nos réflexions, de nos aspirations, de nos désirs et de notre soif de bonheur. Pour créer une motivation assez forte pour nous inciter à agir, il faudra lui consacrer une longue période de réflexion où nous alignerons toutes les raisons pour lesquelles nous avons décidé de maigrir et, par la suite, nous choisirons les plus sérieuses et les plus susceptibles de mener à bien une entreprise dont nous sommes, il ne faut pas l'oublier, notre propre chef. Notre motivation, nous devons la créer de toute pièce et de nos propres mains. Il vaut mieux prendre plusieurs années pour arriver à la décision de maigrir que de le faire sous l'effet d'une impulsion, d'une émulation ou d'une compétition. Une telle attitude nous mènerait à un échec certain, et ce après avoir investi beaucoup de temps, beaucoup d'énergie et parfois beaucoup d'argent. Donc, réfléchissons, il en restera toujours quelque chose.

Ne l'oublions pas, il n'est pas donné à tout le monde de maigrir. Devenir mince et svelte exige de la part d'un individu, après un temps de réflexion sérieux, une décision bien pensée et bien calculée pour l'amener à changer non seulement ses habitudes alimentaires, mais aussi sa façon de voir les choses.

Ne comptez jamais sur votre volonté pour maigrir

Voilà une faculté certes utile puisqu'elle nous permet de prendre, au cours de notre vie, des décisions souvent vitales. Mais avons-nous réellement besoin de notre volonté pour maigrir? Cette faculté, si puissante soit-elle, ne demeure-t-elle pas qu'un accessoire dans la voie qui nous achemine vers notre poids idéal? N'est-il pas décevant de compter sur notre volonté quand nous savons qu'elle peut flancher à la moindre sollicitation. Maigrir est une chose trop sérieuse pour en faire une question de volonté seulement.

Combien de fois ai-je entendu dire:
- «Je n'ai pas de volonté.»
- «J'ai de la volonté pour tout, sauf pour maigrir.»
- «Je me laisse facilement influencer.»

Voilà autant de phrases stéréotypées qui traduisent avant tout un manque de motivation. C'est à la fois le noeud de la question et la garantie de la réussite. On ne progresse pas, on n'évolue pas, on ne réussit pas sans motivation.

Si vous voulez maigrir, ne comptez jamais sur votre volonté, mais appuyez-vous plutôt sur des valeurs sûres: LA RÉFLEXION, LA MOTIVATION ET LA DÉCISION. Donc, si vous voulez maigrir, comptez sur vous-même, c'est-à-dire sur un temps de *réflexion* suffisamment long, sur des raisons profondes comme la recherche de votre santé, de votre bien-être et de votre beauté, sur des efforts sincères et soutenus.

N'écourtez pas le temps que vous consacrez à la RÉFLEXION et ne vous inquiétez pas non plus de sa durée. C'est un partenaire précieux qui seul peut vous aider à créer une MOTIVATION assez solide pour atteindre votre but.

Si vous êtes bien décidé(e), ni personne, ni aucune situation, ni aucune occasion ne réussiront à vous faire dévier de la voie que vous vous êtes tracée. Votre cheminement deviendra si facile que votre volonté n'aura plus aucun rôle à jouer. Votre DÉCISION aura été simple et agréable à prendre et le résultat obtenu sera surtout définitif.

Déjouez votre destinée

Inutile de vous le cacher, les statistiques sont formelles: si vous êtes issu(e) d'une mère et d'un père obèses, il y a deux chances sur trois que vous le deveniez. Si seulement un de vos parents est gros, le risque est moindre: une chance sur trois. Par contre, avec deux parents maigres, cette probabilité tombe à une demi-chance sur cent.

Soyez quand même optimiste puisqu'il est prouvé, malgré ces constatations, que vous pouvez sortir vainqueur de ce déterminisme. Dès le moment où vous prenez conscience de votre surplus de kilos, que vous décidez fermement de le perdre et que, après avoir mûrement réfléchi, vous vous sentez appuyé par une motivation solide et profonde, votre entreprise minceur devient une chose non seulement possible, mais réalisable.

Au départ, l'effort que vous devrez fournir sera énorme puisque vous devrez faire face à votre entourage qui, la plupart du temps, sera hostile à votre décision. Vous devez aussi lutter contre vous-même, c'est-à-dire contre vos instincts, vos habitudes alimentaires, vos caprices, vos tendances et vos sens. Mais comme vous avez décidé de changer l'aspect de votre corps et votre façon de voir les choses, il émergera de votre décision une force tellement grande et tellement puissante que rien ne vous arrêtera dans le choix que vous avez fait.

Soyez le spectateur de vos résultats

Pourquoi n'auriez-vous pas le droit de vous admirer, de vous vanter, de vous considérer comme une personne formidable? Je vous l'assure, il n'y a rien de plus motivant que de prendre conscience de ses propres forces lorsqu'on a fourni un effort remarquable. Basée sur le principe du «feedback» (nourrir en retour), cette attitude vous permet de vous nourrir de vos performances, de vous sentir satisfait de vous-même, en un mot, de vous applaudir.

L'énorme avantage du principe du «feedback» réside dans le plaisir et la joie que vous en retirez. Cette prise de conscience vous permet de rester dans la course et de renforcer constamment votre motivation. Il existe plusieurs façons d'appliquer ce principe:

1. Il s'agit d'établir votre courbe de poids et de considérer ce geste comme une condition essentielle au succès de votre cure. Pesez-vous donc le matin, une fois par semaine, en accomplissant toujours le même rituel: à jeun et nu. Vous verrez ainsi à quel rythme vos efforts se matérialisent et si quelques modifications s'imposent. Si vous ne le faites pas, il vous sera difficile de vous faire une idée de la qualité de votre travail. Comme vous êtes bien motivé et que vous respectez la discipline que vous vous êtes imposée, il faut que vous soyez en mesure d'en apprécier les résultats.

2. Une autre excellente façon d'utiliser le principe du «feedback», c'est de tenir un journal de bord. Comme c'est vous qui conduisez votre barque, il est normal et même nécessaire que vous notiez tout ce qui s'est passé durant la journée, tout ce que vous avez mangé et tout ce que vous avez bu. Ce rituel vous permettra de prendre pleinement conscience de vo-

tre comportement alimentaire et de voir ce qui se passe en vous-même au cours de votre cure d'amaigrissement. Vous en retirerez quelque chose de positif. Non seulement vous découvrirez les motifs de vos écarts de régime, mais aussi, si vous ne dérogez pas, la joie d'être mince et la gratification de vos efforts.

Le «feedback», ne l'oubliez pas, est le miroir de votre comportement. Donc, plus vous appliquez ce principe, plus vous avez de chances de réussir puisque vous entretenez votre motivation. Dans les prochaines pages, je vous donnerai d'autres façons d'appliquer avantageusement ce principe.

Fixez-vous un objectif raisonnable

On ne doit pas se fier aveuglément aux tables établies par les compagnies d'assurances et même par les différents ministères de la Santé. Les critères de poids normaux dont disposent ces organismes sont vétustes et ne correspondent plus aux résultats des recherches scientifiques actuelles. Auparavant, on disait qu'il était tout à fait normal d'engraisser avec l'âge. On sait, aujourd'hui, que c'est tout à fait faux. Le gain de poids, pris avec les années, correspond simplement à une diminution de l'activité physique. Prenons l'exemple d'un homme de 25 ans qui entre au service de l'administration d'une entreprise. Au fur et à mesure que sa carrière progresse, ses responsabilités augmentent mais ses moments de loisirs diminuent. S'il accède à un poste de direction, les réunions du conseil d'administration se font nombreuses et les dîners d'affaires deviennent fréquents. Le gain de poids s'explique facilement.

Je crois qu'une personne décidée à maigrir doit se fier au poids idéal plutôt qu'au poids normal. Le poids qu'il faut convoiter doit être, avant tout, celui où l'on se sent bien dans sa peau. Le poids que vous aimeriez atteindre ne sera pas nécessairement le même que celui d'une autre personne du même sexe, du même âge, de la même taille et de la même ossature que vous.

Établissez donc un poids qui soit conforme à votre âge, à votre taille, à votre ossature et surtout et avant tout à votre personnalité. Ne cherchez surtout pas les extrêmes : beaucoup de personnes se fixent un objectif démesurément bas, au point qu'elles deviennent rachitiques. Il faut se méfier des extrêmes, car ils en amènent presque toujours d'autres.

Avant tout, il faut être réaliste. Comme l'émotivité est souvent mauvaise conseillère, je vous suggère de tenir compte de l'opinion de votre médecin.

Mesurez-vous, c'est important

...puisque c'est une autre façon d'appliquer le fameux principe du « feedback ». Cet acte, exécuté régulièrement, vous permettra de prendre conscience de vos performances, de constater vos résultats et d'apprécier vos efforts. Mesurez-vous, c'est un truc formidable pour vous mener au succès.

Se mesurer c'est bien, mais il faut bien le faire :

1. Faites-le aux endroits importants : la poitrine, la taille, les hanches, les cuisses et les genoux.
2. Faites-le à la même hauteur du sol.
3. Faites-le toujours le matin et à la même heure.
4. Faites-le une fois par semaine.

Mesurez-vous, il en restera toujours quelque chose en moins. Tant mieux puisque vous serez heureux.

Évitez le découragement
en maigrissant par paliers

Il est difficile sinon impossible, pour quelqu'un qui doit perdre 25 kilos, de visualiser dans son esprit l'aspect physique qu'il aura après avoir atteint le poids idéal qu'il s'est fixé. Si le but poursuivi est très éloigné, il paraîtra souvent presque inaccessible et contribuera éventuellement à un échec certain. Il me paraît évident que le fait de se rapprocher du but à atteindre constitue un stimulant inégalable puisqu'il fait appel au principe du « feedback » dont j'ai parlé à plusieurs reprises.

Lorsque notre but est presque atteint, nous sommes moins tentés de modifier le comportement que nous nous sommes imposé. Sa proximité ne peut que nous stimuler, nous encourager et nous motiver.

Si vous êtes le moindrement gros, vous devriez vous donner comme objectif une perte de poids n'allant pas au-delà de 5 à 10 kilos. Si, par exemple, vous pesez 100 kilos, estimez votre poids idéal à vie à 90 kilos. Il s'agit vraiment de votre poids idéal et ne pensez plus à rien d'autre. Lorsque vous aurez atteint ce poids, vous vous fixerez un nouvel objectif, n'allant toujours pas au-delà de 5 à 10 kilos et vous ferez de même jusqu'à ce que vous ayez atteint le poids final. Vous vous sentirez toujours près de votre poids idéal. Vous aurez constamment l'impression que vous l'avez presque atteint. Votre motivation s'en trouvera ainsi régulièrement renforcée.

L'expérience est valable et elle a d'ailleurs été prouvée en Californie par le docteur Frank Bruno. Fixer des objectifs rapprochés est un gage assuré de succès.

Dites-vous bien
que votre balance
est votre alliée

Vous venez de livrer avec succès un combat à votre ennemie, la graisse. Pour maintenir votre poids et pour soutenir votre moral, il est indispensable de vous peser régulièrement. Pesez-vous une fois par semaine, le matin, à jeun, nu et à la même heure. Inscrivez à chaque fois votre poids sur une feuille.

Affichez ce tableau dans votre salle de bains, ou mieux encore dans votre cuisine. Lorsque vous maintiendrez votre poids, votre balance vous encouragera à poursuivre vos efforts; lorsque, au contraire, vous ajouterez quelques kilos, elle vous fera un reproche amical.

Savourez le bonheur
d'être belle ou beau

Le bonheur d'être beau n'appartient, la plupart du temps, qu'à celles et ceux qui désirent l'être et le devenir. Si la beauté est parfois un don du ciel, elle est plus souvent une chose acquise par des efforts constants, attentifs et renouvelés.

Rien n'est jamais assuré dans ce domaine puisque la grâce et la beauté sont des attributs fugitifs, le plus souvent obtenus à grand prix. Nos Vénus et nos Adonis doivent donc constamment y prendre garde s'ils veulent les conserver ou les reconquérir. En fait, on est vraiment que ce que l'on veut être. D'ailleurs la beauté s'assume au même titre que le bonheur. Ainsi l'expression « être bien dans sa peau » prend toute sa dimension. Il est important de se rappeler et de ne pas oublier que la peau vieillit d'un an chaque année.

Une femme qui se sent belle, et admirée, montre, en tout cas, combien il est important de présenter une image, voire une enveloppe extérieure fraîche, appétissante et désirable. Mais cela, bien sûr, ne suffit pas. À quoi bon la beauté plastique, me direz-vous, si l'on n'a rien entre les deux oreilles! Je suis parfaitement d'accord avec vous. Une femme ou un homme qui veut atteindre un certain équilibre doit non seulement se sentir bien dans sa peau, mais aussi consentir à meubler son esprit.

La beauté est à la portée de tous ceux qui refusent le laisser-aller. Il n'existe pas de femmes ni d'hommes laids, seule la laideur existe. Le bonheur a une relation étroite avec la santé et la beauté puisque l'un et l'autre sont responsables de votre satisfaction et de votre équilibre intérieur. Beauté, santé et bonheur sont donc indissolublement liés.

Faites de votre miroir un ami

Que vous soyez homme ou femme, si je vous demandais de vous regarder nu devant votre miroir, vous seriez peut-être choqué, voire même vexé. Auriez-vous donc oublié que l'être humain est un animal raisonnable composé d'un corps humain et d'un esprit?

N'avez-vous pas l'impression que notre éducation a été axée surtout sur le développement de notre esprit et qu'elle a négligé de nous faire prendre conscience de l'existence de notre corps, de sa beauté et de l'harmonie de ses formes?

Est-ce que vous vous êtes déjà longuement arrêté devant votre miroir pour admirer ce qui est donné d'appeler la plus belle créature terrestre? Eh bien! si vous ne l'avez jamais fait, vous avez manqué tout un spectacle!

Placez-vous devant votre miroir et acceptez-vous tel que vous êtes. Lentement, suivez les courbes de votre visage, de votre cou, de vos bras, de votre thorax, de votre ventre, de vos hanches, de vos cuisses et de vos jambes. Tournez-vous progressivement et vous apercevrez une variation infinie de vos formes. Mais oui, c'est vous! C'est ça votre corps. Il vous appartient et il n'appartient qu'à vous de le conserver dans toute sa splendeur. Faites souvent cet exercice et vous constaterez, avec le temps, que vous l'apprécierez beaucoup mieux.

Peut-être qu'un jour il vous dévoilera de petites imperfections : des seins tombants, un petit bourrelet à la taille, un ventre un peu trop saillant, voire même une brioche, des hanches trop généreuses et des cuisses trop rondelettes. Tant mieux puisque ce sera sûrement un stimulant pour vous inciter à surveiller votre apparence.

Souvent, les gens grossissent parce qu'ils n'ont pas appris à aimer leur corps et à l'entretenir. Et pourtant, il fait partie d'eux-mêmes. Nous avons toujours intérêt à nous connaître nous-mêmes.

Photographiez l'artiste

Vous vous regardez devant votre glace et tout à coup vous prenez conscience que votre taille ne vous plaît pas et que vous ne vous sentez pas bien dans votre peau. Vous venez de trouver une motivation solide qui vous incite à suivre un régime.

Appliquez le principe du « feedback » en vous photographiant immédiatement de la tête aux pieds. Répétez ce geste tous les mois jusqu'au moment où vous aurez atteint votre poids idéal. Comparez régulièrement vos photos. Vous constaterez ainsi l'heureuse évolution de votre taille et cela vous permettra de prendre conscience de vos performances. De cette façon, vous atteindrez votre poids beaucoup plus facilement.

Conservez ces photos toute votre vie et regardez-les souvent. Votre motivation à rester mince se renforcera à chaque fois et vous ne regrossirez plus jamais.

Soyez déjà mince
dans la robe de vos rêves

Madame, voici un truc simple: achetez-vous, dès le début de votre cure, une robe dont la taille correspond à celle que vous vous proposez d'atteindre. Cette robe, choisissez-la belle, élégante, présentant toutes les qualités qui feront de vous une femme heureuse, enviée, belle et bien dans sa peau. En somme, cette robe doit posséder tous les éléments, toutes les vertus propres à vous faire paraître à votre meilleur avantage.

Savourez déjà le moment où vous vous imposerez à votre entourage non seulement par la taille fine que vous aurez obtenue à la suite de vos efforts, mais aussi par la sérénité que vous aurez acquise grâce à votre nouvelle pensée-minceur. Songez souvent à cet avenir de rêve et « dégustez » dès maintenant les joies d'être mince, alors que vous serez entourée de gens qui vous admireront et qui vous demanderont avidement les secrets de votre beauté.

Le fait de vous sentir sûre de vous-même créera en vous une situation de force qui vous permettra d'affirmer ainsi votre personnalité et de mettre en valeur tous les talents que vous possédez.

Le truc de la robe trop petite n'est pas en soi une fin pour parvenir à maigrir, mais plutôt un moyen parmi tant d'autres pour renforcer de façon soutenue et constante votre motivation. Il faut souvent de petites choses pour en réaliser de grandes. Avouez que si vous vous achetez la plus jolie robe du monde, vous serez joliment tentée de la porter un jour. Ainsi vous respirerez la joie de vivre.

Faites-vous des cadeaux

Vous peinez depuis le début. Votre motivation persiste, vos efforts sont constants, votre résistance aux tentations est surhumaine et votre détermination est inébranlable. Vous ne le regrettez pas puisque votre taille s'est déjà amincie, vos poignées d'amour ont commencé à fondre, votre ventre s'apprête à disparaître et, de plus, votre balance indique une chute de poids encourageante. Vous êtes donc comblée, heureuse et récompensée de vos efforts.

Mais vous méritez plus que cela. Faites-vous plaisir en cours de route. Offrez-vous à l'occasion un vêtement dont vous avez envie. Payez-vous, de temps en temps, le luxe d'un bouquet de fleurs ou d'une bouteille d'eau de toilette. Sortez plus souvent: allez au cinéma ou au théâtre, prenez une marche dans un cadre merveilleux, rencontrez des amis sincères et faites un peu de sport. Vous verrez que, tout comme les mauvaises habitudes, les bonnes peuvent aussi se prendre très vite.

Toutes ces petites choses adouciront votre vie, vous rendront heureuse et vous encourageront à poursuivre votre but.

Vous êtes dégoûté ?
Utilisez le « feedback immédiat »

Vous venez de perdre 20 kilos et puis, tout à coup, vous ne vous sentez plus motivé et vous avez même l'impression que vous êtes en train d'atteindre une phase difficile qui pourrait peut-être s'appeler: dégoût.

Et pourtant tout allait bien, vous étiez à mi-chemin de l'étape qui vous séparait de votre poids idéal. Votre objectif, vous le voyiez droit devant vous. Votre détermination était inébranlable. Vous résistiez à toutes les tentations et voilà que, tout d'un coup, vous vous sentez faiblir, prêt à flancher devant n'importe quelle sollicitation, à baisser pavillon devant le moindre défi. Vous êtes déçu de vous-même, vous ne vous reconnaissez plus. Ne vous en faites pas, il n'y a là rien de dramatique, simplement une période difficile qui peut arriver à n'importe qui. Mais il y a un espoir, même un grand espoir: le « FEEDBACK IMMÉDIAT ». Il s'agit d'un instrument simple, efficace et facile d'application. Si jamais vous vous sentez sur le point de faiblir devant une sollicitation, arrêtez-vous tout simplement pendant quelques secondes et revenez en arrière. Regardez bien les 10 kilos que vous avez perdus. Cette courte gymnastique de l'esprit vous permettra de prendre conscience de vos performances et d'apprécier le résultat de vos efforts. Dites-vous bien que personne n'a perdu ce poids à votre place. Seuls vos efforts et votre détermination vous ont permis d'atteindre ce but. Vous êtes l'unique responsable de ce succès.

Ainsi, devant une tentation irrésistible, il vous sera facile de dire *non* puisque le fait d'être revenu en arrière et d'avoir pris conscience de votre force aura pour effet de vous motiver davantage. Vous passerez donc comme dans du beurre à travers la difficulté qui se présente.

Donc, chaque fois qu'une occasion se présentera de vous faire dévier de votre chemin, utilisez le «FEEDBACK IMMÉDIAT». C'est une question de secondes.

N'hésitez pas
à renouveler votre garde-robe

Vous êtes décidé(e), c'est sûr, c'est définitif, vous atteindrez votre poids idéal envers et contre tous et vous le conserverez pour toujours.

N'hésitez pas, donnez vos vêtements devenus trop grands au fur et à mesure que votre taille diminue. Comme vous acceptez de plus en plus votre nouvelle image corporelle, débarrassez-vous de vos vêtements de «grosses personnes». Un motif de plus pour ne pas engraisser à nouveau. Ne les conservez jamais en vous disant qu'un jour ils pourraient vous être utiles si éventuellement vous repreniez du poids. Ce serait démissionner d'avance.

N'hésitez pas non plus à vous acheter des robes ou des pantalons trop petits. Vous vous sentirez ainsi davantage motivé. Investissez dans une nouvelle garde-robe puisque vous êtes décidé à ne plus jamais engraisser.

Pensez à l'été, c'est bien, mais pensez aussi plus loin

Votre corps n'attend que les rayons du soleil pour éclater de splendeur, de fraîcheur et de jeunesse. Il est peut-être encore temps, avant les vacances de juillet et d'août, d'éliminer vos kilos en trop et d'amincir de quelques centimètres au niveau du ventre, des hanches et des cuisses. Cependant, si vous prenez la décision de maigrir, rappelez-vous que ce doit être un acte réfléchi puisqu'il ne sert à rien de perdre du poids pour les vacances si vous en revenez affublée à nouveau de bourrelets disgracieux.

Lors d'un beau matin ensoleillé, au cours de la belle saison, vous vous êtes dit avec les meilleures intentions : « C'est aujourd'hui... C'est fini... plus jamais personne ne réussira à me faire flancher. » Mais combien de fois avez-vous échoué ? Aujourd'hui, il faut que ce soit le jour, la semaine, le mois, l'année de la décision. Plus jamais vous ne devrez reprendre du poids. Faites de ce geste celui de votre vie et restez mince pour toujours.

En ayant toujours à l'esprit que maigrir c'est consentir à revivre, vous vous ferez une nouvelle conception de l'alimentation et vous accepterez votre nouvelle façon de vous nourrir comme un nouvel état de vie. Vous deviendrez ainsi un être nouveau, capable de résister à toutes les sollicitations, plein de force et d'énergie et apte au bonheur et à la joie de vivre.

Prenez des vacances

Attention ! Vacances ne sont pas synonymes de licence dans votre régime. Vous avez probablement bûché, travaillé même très fort de janvier à mai pour perdre les kilos que vous aviez en trop. Il ne faudrait surtout pas détruire en quelques semaines les efforts auxquels vous avez consenti pour atteindre votre poids idéal. Vous aviez un but bien précis: être svelte pour les vacances. Or ces vacances arrivent. Que va-t-il se passer? Allez-vous grossir comme la plupart des gens? Sûrement pas puisque vous êtes bien motivé et que vous avez fait votre choix: maigrir et, surtout, rester mince.

En vacances, détendez-vous sans laisser-aller. Bouger, rire, chanter ou danser n'a rien de répréhensible. Au contraire, cela est bon et normal. Il faut oublier ses préoccupations et ses soucis pour jouir d'une détente complète tant sur le plan physique que moral. Mais se détendre ne signifie pas qu'il faille se livrer à une orgie alimentaire. Vous pouvez satisfaire votre légitime besoin de distractions en vous adonnant à des activités que vous n'avez jamais exercées auparavant, en vous initiant à un sport que vous ne connaissiez pas, bref en élargissant vos horizons. Si vous vous donnez la peine de chercher un peu, vous verrez qu'il existe mille façons positives de passer son temps autrement qu'à s'empiffrer.

Pendant vos vacances, profitez des produits de la ferme. Par exemple, consommez beaucoup de légumes verts. Non seulement ils prendront beaucoup de place dans votre estomac, réduisant ainsi votre consommation en aliments engraissants, mais, par la cellulose qu'ils contiennent, ils vous seront très utiles pour éviter la constipation. De plus, l'apport des légumes verts en vitamines et en sels minéraux vous sera très salutaire.

Au restaurant, apprenez à faire un choix. Vous verrez qu'il est possible de manger de façon équilibrée, même dans les petits restaurants.

1. Demandez une poitrine de poulet, mais n'en mangez pas la peau.
2. Mangez trois ou quatre saucisses seules, avec de la moutarde, plutôt que deux hot-dogs complets.

3. Prenez deux steaks de boeuf haché, sans pain, avec de la moutarde plutôt qu'un hamburger complet.

4. Demandez le légume du jour.

5. Accompagnez votre plat principal d'une salade verte ou d'une salade du chef assaisonnée de jus de citron et de poivre.

6. Régalez-vous d'une salade de poulet, d'oeufs ou de crevettes.

7. Finissez toujours votre repas par un fruit frais.

Si vous allez dans un restaurant plus élégant, choisissez le plat principal suivant les principes alimentaires que votre médecin vous a donnés. Cela ne vous empêchera pas de déguster une belle tranche de rosbif, de rôti de veau, une entrecôte grillée, un cocktail de crevettes ou un homard bouilli ou grillé. Vous pouvez accompagner toutes ces bonnes choses de légumes et d'une salade et, pour terminer, d'un bon fruit frais de la saison.

Et quand vous rentrerez de vacances, vous serez tout heureux de ne pas avoir grossi. Vous conserverez ainsi votre motivation et vous accepterez votre nouvelle façon de vous alimenter avec optimisme et sérénité.

6

Décernez-vous un diplôme puisque vous êtes maintenant un psychologue

Utilisez
de bons mécanismes

Tout le monde connaît le phénomène de la compensation. Il s'agit d'entendre les gens dire: «Je mange parce que je m'ennuie.» «Je mange parce que j'ai des problèmes.» «Je mange parce que je suis trop heureuse (ou heureux).» Cette habitude de manger à tout propos, de s'alimenter de façon désordonnée, sans restriction et sans besoin réel, correspond à ce que nous appelons, en psychologie, la boulimie. Il est normal pour tout être humain, en face d'une insatisfaction, c'est-à-dire d'une frustration, de chercher et de s'orienter vers un processus qui lui apportera une satisfaction, un plaisir. Ce cheminement vers la satisfaction amène momentanément une diminution de la tension et lui permet de se sentir la plupart du temps très calme et détendu puisqu'il a assouvi un besoin. Ce cheminement, cette démarche en vue de trouver une satisfaction s'appelle mécanisme de défense. Il en existe de bons et de mauvais. Voici quelques exemples de mauvais mécanismes:

- trop manger
- trop boire
- trop fumer

Si quelqu'un utilise un de ces trois mécanismes de défense pour enrayer la tension due à une insatisfaction, il obtiendra à court terme un résultat, mais à long terme sa démarche n'aura rien réglé. Trop manger fait très souvent grossir; trop boire mène à l'alcoolisme et trop fumer apporte des troubles pulmonaires. Donc, chacun de ces mécanismes entraîne à moyen ou à long terme des conséquences néfastes pour l'organisme.

Il faut donc utiliser de bons mécanismes de défense, c'est-à-dire de bons moyens pour arriver à trouver une satisfaction en face d'une frustration. Ces mécanismes sont nombreux et plusieurs sont à la portée de tous. Utiliser un bon mécanisme consiste à trouver une activité saine, agréable et très facile à pratiquer. L'utilisation d'un de ces mécanismes devra se faire rapidement, c'est-à-dire en l'espace de quelques minutes au maximum. Un même mécanisme ne convient pas nécessairement à tout le monde puisqu'il dépend de plusieurs facteurs :

- les goûts individuels
- l'instruction
- la culture
- et plusieurs autres facteurs

Compte tenu de l'ensemble de ces exigences, voici quelques exemples de mécanismes simples et applicables dans l'espace de quelques secondes ou de quelques minutes. Donc, lorsque vous vous sentez stressé, insatisfait ou frustré et que vous avez le goût de manger pour soulager ces malaises, utilisez les trucs suivants :

1. Sortez immédiatement et faites une marche d'un pas alerte pendant trente minutes.
2. Commencez un tricot.
3. Écoutez un disque que vous aimez beaucoup.
4. Ouvrez la radio et écoutez une émission qui capte énormément votre attention.
5. Ouvrez votre téléviseur et regardez une émission intéressante.
6. Allez vous détendre au cinéma.
7. Lisez un livre de votre auteur préféré.
8. Téléphonez à une personne qui est en mesure de vous aider, de vous encourager et de vous conseiller.

Voilà autant de bons mécanismes qui vous aideront à contrôler vos réactions, à vous garder dans la voie que vous avez choisie, à vous mener à la minceur que vous convoitez depuis si longtemps ou à conserver l'aspect physique que vous avez atteint après tant d'efforts.

« Dégustez »
le temps de manger

Depuis des temps immémoriaux, l'art de manger a été chanté par les poètes, mis en valeur par les grands chefs et vanté par les princes de la gastronomie. Il suffit de se rappeler que Brillat Savarin a festoyé l'amour de manger, que Curnonsky a consacré l'art de la « gueule » et que, plus près de nous, Courtine et James de Coquet ont raffiné l'art de s'alimenter au point de le rendre l'apanage d'une élite. Après une telle consécration, comment voulez-vous que monsieur Tout-le-Monde résiste aux attraits de la table? Voilà la question: est-il possible d'être gourmet sans grossir? Oui sûrement, mais en « dégustant » le temps de manger. Pourquoi ne découvririez-vous pas le plaisir de goûter plutôt que de vous vous empiffrer? Arrêtez-vous un moment, et dites-vous que, pour vivre, il faut manger. Pourquoi ne le feriez-vous pas agréablement en goûtant et en dégustant profondément vos aliments plutôt que de manger comme un porcelet en mal de vivre. Ne l'oubliez pas, vous êtes un animal intelligent qui a le privilège de jouir des bonnes choses de la vie. Mais de grâce, faites-le pleinement: prenez le temps de prolonger le plaisir; portez lentement à la bouche les aliments que vous chérissez et mastiquez-les bien afin d'en apprécier toute la saveur.

A la prochaine occasion, observez un obèse en train de manger. Ce qui vous frappera le plus, ce sera la vitesse avec laquelle il engouffrera son repas. En effet, les gens qui souffrent d'embonpoint mangent vite, et même très vite. On a l'impression qu'ils courent après quelque chose qui pourrait les satisfaire, mais sans jamais l'atteindre. Bien des gens mangent ainsi des quantités énormes d'aliments, dépassant de beaucoup leurs besoins énergétiques quotidiens. *S'il était possible de convaincre ces gens de manger trois fois moins vite, plusieurs d'entre eux deviendraient minces en peu de temps.* Il s'agit d'utiliser certains moyens:

1. Parlez avec abondance au moment des repas et alimentez la conversation. Ainsi, vous détournerez votre attention de votre assiette.

2. Mangez trois fois moins vite et vous découvrirez des saveurs insoupçonnées. Vous développerez aussi des goûts raffinés qui feront de vous un véritable gourmet.

3. N'oubliez pas le truc classique: faites un temps d'arrêt de 30 secondes entre chaque bouchée et déposez votre fourchette.

Voilà autant de moyens qui vous permettront de savourer vos aliments et de « déguster » le temps de manger.

« Pas maintenant, plus tard »

Nous le savons tous, la plupart des gens qui souffrent d'embonpoint grignotent sans cesse.

La prochaine fois que vous aurez envie de manger ou de boire entre les repas des choses engraissantes comme le chocolat, les croustilles, les bonbons, les pâtisseries et les boissons gazeuses, rappelez-vous cette phrase: *« PAS MAINTENANT, PLUS TARD!»* Donc, lorsque le goût vous prendra de grignoter, ne le faites pas immédiatement, dites-vous que cela peut attendre, deux minutes, dix minutes. Il y a de fortes chances que vous oubliiez de le faire. Ce court laps de temps deviendra un moment de réflexion sur l'utilité de l'acte que vous vous apprêtiez à poser.

Si vous jugez, soit après cinq minutes, qu'il y a aucune raison pour que vous ne mangiez pas votre barre de chocolat, n'hésitez pas et mangez-la. Vous vous éviterez ainsi une frustration de plus. Par contre, si vous mettez en pratique ce petit exercice qui consiste à reporter à plus tard, vous apprendrez à contrôler vos envies, à discerner vos besoins réels des faux, à devenir maître de vous.

Donc, chaque fois que vous viendra l'envie de grignoter, prenez la bonne habitude de vous dire « *PAS MAINTENANT, PLUS TARD* ». Vous en viendrez à le faire facilement et machinalement.

Vous vous préparez à tricher, utilisez le « principe du temps d'arrêt »

Déroger à son régime peut arriver à n'importe qui. Il suffit d'une contrariété pour avoir envie de se calmer en mangeant un morceau de gâteau.

Si jamais, après avoir reçu un coup de téléphone, vous vous dirigiez sans hésitation vers votre garde-manger pour dévorer un morceau de gâteau parce qu'on vous a appris une mauvaise nouvelle, utilisez le PRINCIPE DU TEMPS D'ARRÊT: à mi-chemin entre le téléphone et le garde-manger, arrêtez-vous tout simplement pendant 60 secondes. Si, après ces 60 secondes, vous avez toujours le goût de manger votre morceau de gâteau, n'hésitez pas, mangez-le et ne vous vous sentez pas coupable. Vous avez suffisamment souffert d'une frustration, c'est-à-dire celle de votre poids, sans en ajouter une deuxième qui serait celle de vous refuser un morceau de gâteau. Par contre, je sais très bien que, après ces 60 secondes, bien des choses se passeront dans votre tête. Vous vous questionnerez sur la valeur et le but de votre geste. Vous vous demanderez si, en réalité, vous aviez réellement faim ou tout simplement besoin de calmer votre anxiété en mangeant un morceau de gâteau.

Mon expérience me dit qu'il y a peu de chances que vous mangiez votre morceau de gâteau. Toutes celles et ceux qui ont appliqué le PRINCIPE DU TEMPS D'ARRÊT lors de situations stressantes de ce genre ont obtenu beaucoup de succès.

Déshabillez-vous

Découvrir et analyser vos habitudes et votre comportement alimentaires peut être particulièrement bénéfique. Cela vous permet de déceler de nombreux éléments invisibles de votre personnalité. C'est un peu comme si vous vous déshabilliez, que vous vous mettiez à nu devant vos agissements cachés et intimes.

Attardez-vous tout d'abord à votre pause-café du matin où, chaque jour et de façon régulière et systématique, vous mangez un gâteau, ou une brioche, accompagné d'un café bien sucré. Ce geste que vous posez machinalement, souvent parce que le courant de votre entourage vous y entraîne, est-il réellement nécessaire à votre survie? En analysant votre comportement vous en arriverez à la conclusion qu'il ne l'est pas, que si vous ressentez le besoin de manger, c'est uniquement parce que vous sautez votre petit déjeuner, ne vous contentant la plupart du temps que d'un café bien sucré.

Arrêtez-vous devant la grosseur du morceau de gâteau que vous venez de manger à la suite d'un appel téléphonique vous annonçant une mauvaise nouvelle ou un fâcheux contretemps. Vous n'auriez pas par hasard fait le jeu de l'autruche en absorbant cette montagne d'hydrates de carbone plutôt que de regarder la situation bien en face et de trouver des solutions au problème qui se présentait.

Se mettre à nu devant soi-même est peut être indécent, mais c'est consentir à être franc, à analyser ses gestes et à corriger son comportement.

Ne dévorez pas le gâteau

Il est là, il est beau, il est appétissant ce morceau de gâteau, mais il est surtout fort tentant et il semble irrésistible. Et votre patience est à bout de forces. Vous avez le goût de sauter dessus et de le dévorer, mais vous n'osez pas, puisque vous venez de perdre 20 kilos et que votre désir de rester mince est plus fort que celui de manger le morceau de gâteau.

Beaucoup de gens ont envie de manger quand ils n'ont pas faim tout simplement parce qu'ils éprouvent le besoin d'avoir quelque chose dans la bouche. Souvent, n'importe quel aliment ferait l'affaire.

Manger entre les repas n'est pas une bonne habitude alimentaire, mais si vous ne pouvez résister à la tentation de le faire, prenez quelque chose qui ne vous fera pas grossir. Utilisez donc le PRINCIPE DU REMPLACEMENT. Je vous ai dit que souvent n'importe quoi pourrait calmer ce désir fou de manger en autant que vous ayez quelque chose dans la bouche. Donc, quand l'envie est trop forte et que vous ne pouvez y résister, calmez-la avec:

- un pied de céleri
- un morceau de fromage
- quelques carottes
- un morceau de rosbif
- un litre de jus de fruit non sucré

Il vaut mieux absorber une quantité importante de ces aliments plutôt que de dévorer un morceau de gâteau.

N'oubliez jamais le PRINCIPE DU REMPLACEMENT et appliquez-le quand vous êtes en difficulté.

Ne faites pas le jeu de l'autruche

Tout le monde, et cela depuis que le monde est monde, aime jouir des plaisirs de la vie. Les joies sont, et cela va de soi, plus facile à accueillir que les peines. Mais comme les peines, les déceptions et les soucis font aussi partie de la vie, il faut savoir les accepter.

Le divorce, la perte d'un être cher, les troubles familiaux et les soucis financiers sont des malheurs qui peuvent arriver à chacun de nous. Certains individus parviennent à les assumer, d'autres pas. Parmi ces derniers, plusieurs, qui pourtant veulent maigrir et rester minces, ont tendance à manger pour compenser au lieu d'affronter les événements.

Face aux problèmes de la vie, il ne faut pas faire le jeu de l'autruche qui se met la tête dans le sable tandis que la tempête passe. Comme le disait Hans Selye: «Si tu es convaincu de gagner la bataille, bats-toi jusqu'au bout, mais si tu sais qu'elle est perdue d'avance, abandonne.» Il n'y a rien de dégradant, quand c'est le seul choix, de choisir la fuite. Henri Laborit en a fait l'éloge.

Un problème, quel qu'il soit, est toujours une source d'insatisfaction, de tension, d'anxiété et même d'angoisse. Donc, lorsqu'il s'en présente un, il faut avant tout puiser dans toutes les ressources que nous possédons en nous-même pour tenter de le résoudre. Fuir une situation sans même l'analyser et sans réunir toutes ses forces pour la combattre correspond à une faiblesse et, éventuellement, à une démission.

Lorsqu'un problème se présente, il faut le scruter et le décortiquer afin de pouvoir le résoudre. Il n'est ni nécessaire ni urgent de trouver une solution immédiate. Le fait d'entrevoir deux ou trois solutions, réalisables à court ou même à moyen terme, suffit à diminuer le stress et la tension. Ainsi, on est moins porté à faire le jeu de l'autruche et à compenser en mangeant.

Profitez des bienfaits du stress

Les sources de stress ne manquent pas de nos jours. Nous subissons tous tôt ou tard l'intensité affective d'un deuil, d'un divorce, d'une maladie, d'une grande joie ou d'une peine profonde. Mais à voir réagir certaines personnes, nous nous demandons jusqu'où peuvent aller les facultés d'adaptation de l'être humain. Nous ne pouvons vivre sans stress puisque sans lui il n'y aurait pas de mouvement ni d'évolution.

Le stress fait donc partie de notre existence et c'est un état qui peut aussi bien avoir été provoqué par une joie que par une peine. Le docteur Hans Selye a montré que la réponse de l'organisme reste toujours la même: le coeur bat plus rapidement, la tension artérielle augmente et les glandes surrénales produisent les hormones du stress. Le stress est l'image même de l'adaptation de l'homme à son milieu et aux événements qui peuvent s'y produire. Si personne n'échappe à ce mécanisme d'adaptation, nous devons éviter de devenir son jouet, son instrument.

Sachons tirer profit du stress en le diminuant, en le neutralisant afin d'éviter le bouleversement qu'il entraîne. Répondre au stress, c'est rechercher le bien-être et le bonheur et savoir être apprécié de son entourage. Devenir maître du stress, c'est apprendre à se défendre, à avoir confiance en soi, à contrôler son émotivité et à mieux se connaître. Ne pas dompter le stress, c'est accepter la frustration, l'anxiété, l'angoisse et l'insatisfaction qui peuvent mener au tabagisme, à l'alcoolisme, à la drogue et au « trop manger ».

Surmonter le stress consiste à ne pas s'attacher aux choses pour lesquelles on ne peut plus rien faire. À quoi bon se rendre malheureux pour un être cher qui nous a quitté depuis plusieurs années. Nous n'avons qu'une vie à vivre. Concentrons plutôt nos efforts, comme le dit le professeur Selye, sur des objectifs nobles et revalorisants.

Ne vous sentez surtout pas coupable

Vous êtes sûrement une personne sincère, bien décidée et très bien motivée. Pendant plusieurs semaines, vous avez suivi votre régime à la lettre, toute convaincue que les efforts que vous déployez vous mèneront à l'objectif final que vous vous êtes fixé. Et voilà que pour des raisons diverses: soucis de famille, ennuis financiers, mécontentement au travail, votre motivation s'en trouve fortement affaiblie et vous amène à dévier de votre régime. Un jour, vous vous trouvez en présence d'amis et, sous l'effet d'un stress, vous succombez: vous mangez un immense morceau de gâteau. Vous n'avez pas terminé la dernière bouchée qu'un profond sentiment de culpabilité vous envahi. Aussitôt vous vous sentez en proie à de violents spasmes, votre coeur palpite, vos nerfs sont tendus, vos mains sont moites, vos muscles tremblent et votre corps tout entier est empreint de violentes secousses. Non, réveillez-vous, c'est un rêve, la situation n'est pas dramatique. Il arrive à tout le monde de flancher. N'avez-vous jamais vu un ancien alcoolique ou un ex-fumeur succomber à la tentation? Il se relève et se remet à bûcher de nouveau. C'est ainsi qu'on obtient la victoire.

S'il vous arrivait de déroger à votre régime, ne vous sentez pas coupable. La vie est trop courte pour se rendre soi-même malheureux. Il y a suffisamment de gens autour de nous qui s'en chargent. Prenons plutôt conscience de notre valeur et de notre force et, devant une faiblesse, tournons tout simplement la page et regardons vers l'avenir. C'est l'élément positif que nous en retirerons qui nous permettra de reprendre le chemin du succès.

Vous en avez assez de suivre votre régime, allez voir votre médecin

Quand on a décidé d'atteindre son poids idéal, il n'est pas toujours facile de se rendre jusqu'au bout. Bien des embûches peuvent se dresser devant soi:

- Une absence d'encouragement de la part du conjoint, de la famille ou de l'entourage
- un trouble affectif
- un problème familial
- un soucis financier

Il existe, en définitive, bien des raisons qui peuvent vous amener au seuil de l'écoeurement et vous faire abandonner votre régime. Si vous êtes à la limite de la résistance, ne vous en faites pas, allez voir votre médecin. Il est en mesure de vous tirer de cette impasse. Voici ce qu'il fera en vous recevant:

1. *Le régime.* Il vous demandera tout simplement de l'abandonner et, si vous le désirez, il vous donnera des conseils pour une alimentation de transition.

2. *La compréhension.* Si, au contraire, vous ne voulez rien entendre en ce qui a trait à la nourriture, il ne vous imposera aucune discipline. Il vous suggérera tout simplement de venir le consulter de façon régulière et, à ces occasions, il ne vous parlera pas de régime.

3. *La motivation.* Si vous avez le goût d'en discuter, il vous donnera des conseils pour la renforcer, la renouveler, la compléter et la cultiver.

4. *La victoire.* Votre médecin le sait bien. En respectant votre liberté et votre choix il sait que tôt ou tard, peut-être dans deux, six ou neuf mois, vous retrouverez une nouvelle motivation qui sera la force de votre victoire.

Si jamais vous aviez le goût de tout lâcher, souvenez-vous que votre médecin, avec l'expérience qu'il possède, est en mesure de vous aider.

Ne courez jamais deux lièvres à la fois

Le dicton est clair: vous perdrez les deux objectifs que vous visez. N'arrêtez jamais de fumer en même temps que vous décidez de maigrir. Abandonner les deux à la fois, fumer et trop manger, serait une entreprise périlleuse puisque ces habitudes sont souvent des phénomènes psychologiques de la compensation.

Devenez sage en deux temps:

1. Imposez-vous une discipline alimentaire pour mai-

grir et, par la suite, consentez à poursuivre une phase de maintien.

2. Ensuite et beaucoup plus tard arrêtez de fumer puisque vos poumons vous le demandent sûrement.

Trop manger et trop fumer sont souvent des combats pour trouver un certain équilibre. Ne le brisez pas en supprimant les deux à la fois. Mangez moins, c'est bien, mais fumez quand même un peu avant d'arrêter pour toujours.

Sexualité et minceur: le bon ménage

J'aimerais attirer votre attention sur le fait que l'obésité est souvent causée par des problèmes psychologiques. Ces problèmes peuvent être de nature très diverse. A la base d'une obésité peut se cacher, par exemple, un profond sentiment d'infériorité que le sujet essaie inconsciemment de compenser en augmentant le volume de son corps, c'est-à-dire en engraissant.

Faire l'amour, c'est naturel

Je voudrais dire quelques mots sur les rapports qui existent entre l'obésité et la sexualité.

Pour beaucoup de gens, ce rapport saute aux yeux et n'a pas besoin d'être démontré. Pour d'autres, il semble tiré par les cheveux. Sachez que les psychologues établissent un lien étroit entre ces deux phénomènes.

Quelles sont les voies, quels sont les mécanismes qui permettent de passer de l'un à l'autre, me demanderez-vous? Eh bien! réfléchissons. D'une part, la pulsion sexuelle. Le désir de s'accoupler est une pulsion fondamentale, un phénomène psychologique qui accompagne la vie, qui en est inséparable. La satisfaction de ce désir implique des zones corporelles dites érogènes, c'est-à-dire capables et susceptibles de ressentir du plaisir, de s'exciter lors des rapports sexuels. Ces zones érogènes, telles que décrites et définies par Sig-

mund Freud, sont la bouche, l'anus et les organes géni-
taux. La bouche est la première zone érogène. Tout le
monde l'a déjà remarqué, un bébé tire un plaisir évident à téter, à tout porter à sa bouche. Lorsque l'individu grandit et atteint la puberté, la zone érogène génita-
le s'éveille, entre en jeu et exige son dû. Le désir sexuel
proprement dit fait son apparition. Mais la bouche,
zone orale, n'en reste pas moins éveillée et continue à
jouer un rôle dans la vie sexuelle.

D'une part, cela. D'autre part, une autre pulsion
fondamentale de la vie: la faim; pas de vie sans absorption de nourriture.

Je suis insatisfait,
donc je mange

La relation entre l'obésité et la vie sexuelle devrait
maintenant apparaître un peu plus nettement. Si la vie
sexuelle est insatisfaisante, si les zones érogènes n'y
trouvent pas leur compte, un phénomène de compensation s'installera. En effet, nous associons inconsciemment le plaisir que procurent la nourriture et le plaisir sexuel. Mais le rapport du désir sexuel sur le désir-
appétit est naturellement contre nature et entraîne à sa
suite des conséquences désastreuses. Cette absorption
excédentaire de nourriture se traduira par un excès de
poids. La psychodynamique de ce type d'obésité est
simple: un mécanisme de compensation est à l'oeuvre.

Un exemple frappant

Les médecins spécialistes de l'obésité constatent la
présence de ce processus chez tellement de patients
que la première cause qu'ils envisagent, lorsqu'un
obèse se présente à eux, est celle d'une vie sexuelle
frustrée. Le cas suivant est classique: une patiente ma-
riée manifeste un intérêt normal pour les relations
sexuelles, mais parvient rarement ou même jamais à
l'orgasme parce qu'elle est tombée sur un mari mala-
droit qui ne tient pas suffisamment compte des besoins
de sa femme. Dès qu'il est satisfait, il s'endort sans se
demander si sa partenaire a trouvé du plaisir à la rela-

tion. Celle-ci n'a d'autre choix, bien souvent, que de se rabattre sur le réfrigérateur et de se livrer à une orgie de nourriture qui sera un substitut à l'orgasme.

Ceci est un cas stéréotypé, un peu simplifié pour les besoins de la cause, mais dans lequel plusieurs personnes peuvent néanmoins se reconnaître.

Pour maigrir, il faut communiquer

Un trouble sexuel est rarement un fait isolé. Il est le plus souvent la manifestation d'une constellation de problèmes qui tournent autour de la communication entre les partenaires. Un fait demeure: améliorer les rapports humains entre les conjoints peut souvent apporter une solution au problème de l'obésité.

Au secours! j'ai faim!

Comme je l'ai déjà dit, il ne faut pas s'étonner ni s'affoler quand on a faim puisque la faim est un phénomène bien normal qui correspond à un signal que notre organisme nous transmet pour nous informer qu'il est temps de remplacer l'énergie que nous avons dépensée.

Au cours d'un régime amaigrissant bien équilibré, il est donc normal que vous ressentiez la faim à quelques moments au cours de la journée. Mais à certaines périodes de la journée, en certaines occasions et en présence de certaines personnes, il se peut que vous ayez l'impression que la faim vous tenaille, alors qu'en réalité, ce ne sont que vos mémoires alimentaires qui se réveillent. Il est donc important que vous sachiez que vous en avez trois:

1. *La mémoire visuelle.* Elle est puissante puisqu'il suffit, même si vous n'avez pas faim, de voir un plat appétissant pour que vous en ayez l'eau à la bouche.
2. *La mémoire gustative.* Si, par exemple, vous regar-

dez quelqu'un manger des spaghetti, votre mémoire se souviendra rapidement ce que goûte ce mets.

3. *La mémoire olfactive.* Il suffit qu'on vous passe une pizza chaude sous le nez pour que s'éveille en vous un désir irrésistible d'en dévorer une, même si vous n'avez pas faim.

Toutes ces mémoires sont puissantes puisqu'elles peuvent vous faire dévier du but que vous vous êtes fixé. Pour ne pas succomber, évitez donc les circonstances où toutes ces mémoires risquent d'être sollicitées.

7

Maintenir,
c'est le défi
que vous
devez relever,
mais tout
est possible

Soyez sincères

Au départ, acceptez de changer vos habitudes alimentaires et la réussite sera un fait acquis. Je vous le dis et je vous le répéterai souvent, il est inutile de commencer un traitement amaigrissant si, au départ, vous n'avez pas consenti à manger différemment.

Il faut bien se mettre dans la tête que les aliments qui, un jour, vous ont fait grossir pourront éventuellement vous ramener à votre poids initial, même si vous avez atteint la taille de Vénus et que vous avez acquis le corps d'Adonis. N'oublions pas qu'avec la même cause nous obtenons les mêmes effets.

Manger différemment ne veut pas dire nécessairement mal manger, bien au contraire. J'ai d'ailleurs publié, il y a quelques années, plus de 600 recettes délicieuses, diététiques, économiques et faciles à réaliser qui vous permettront, sans peine, d'atteindre votre poids idéal et d'y rester.

En mangeant différemment, vous aurez l'agréable surprise de découvrir de nouvelles saveurs, de nouveaux goûts qui vous étaient tout à fait étrangers. Finalement, en choisissant une nouvelle façon de vous alimenter, vous retrouverez une belle taille, vous conserverez votre santé et vous découvrirez, en vous, un être nouveau prêt à de grands défis et capable de maigrir et de rester mince.

Acceptez
vos responsabilités

Sans votre entière collaboration, sans votre soif d'être beau, sans votre détermination à rester jeune, sans votre désir de demeurer en santé, personne ne pourra vous aider à conserver votre poids.

Si vous acceptez la période de maintien et de stabilisation que votre médecin vous proposera, jamais plus vous ne pourrez réengraisser. Par contre, si vous recherchez la facilité, mieux vaut vous accepter comme vous êtes. Peut-être qu'un jour vous consentirez à l'effort et que vous découvrirez le bonheur de vous sentir bien dans votre peau.

Devenez votre propre médecin

Vous devez prendre conscience que vous êtes le premier artisan de votre santé physique et mentale et que, par conséquent, vous devenez dans une certaine mesure votre propre médecin. Comme vous connaissez vos réactions, prenez en charge vos responsabilités et ne laissez pas aux autres le soin de prendre des décisions à votre place.

Libérez votre esprit des sentiments d'anxiété et de crainte qui paralysent toutes vos actions. Reprenez confiance en vous-même et remplacez ces sentiments dépressifs par des sentiments plus positifs, plus créateurs tels que la joie, l'action, le dynamisme, la sérénité.

Si vous avez choisi la voie du bonheur, n'hésitez pas à prendre des décisions qui vous permettront de l'acquérir et de le conserver, même si elles doivent transformer complètement votre vie. Ainsi, vous serez bien armé pour prendre la décision de maigrir et de rester mince.

Si c'est nécessaire, comptez sur une équipe médicale

Comptez sur vous-même et si cela ne suffit pas, faites-vous aider. Perdre des kilos est relativement facile, conserver son poids est tout autre chose. La période de maintien et de stabilisation exige un effort de tous les instants et une motivation solide. Orienté, guidé et appuyé par une équipe médicale, le patient motivé est assuré d'un succès certain dans sa décision de rester mince.

La période de maintien est importante pour toutes celles et tous ceux qui atteignent leur poids idéal. Si vous vous êtes fait aider par un médecin dans votre cure d'amaigrissement, il vous expliquera l'importance de venir le consulter régulièrement pendant la phase de maintien.

Dites-vous bien que lorsque vous aurez atteint votre poids idéal, la bataille ne sera pas gagnée, elle ne fera que commencer.

1. Pensez-y bien: vous laissez peut-être derrière vous 25, 35 ou 45 années d'habitudes alimentaires.

2. Soyez conscient de la réalité. Lorsque vous aurez atteint votre poids idéal, vous n'aurez qu'à vous asseoir devant votre téléviseur pour entendre toutes les dix minutes: «Madame, monsieur, trichez.» On vous suggérera, en effet, tantôt un cola ou un incola, ou tantôt une bière, quand ce ne sera pas une pizza et parfois même des gâteaux et des croustilles.

3. Réfléchissez bien: ce n'est pas en quelques semaines, voire même en quelques mois que votre équipe médicale pourra vous aider à changer les habitudes alimentaires que vous possédez depuis parfois plusieurs décennies.

4. Soyez réaliste: si vous éliminez de votre alimentation les aliments qui vous ont déjà fait grossir mais qu'après 6 mois vous les réintégrez dans vos repas quotidiens, il est évident qu'ils vous feront grossir de nouveau. Tout le monde le sait: avec la même cause, on obtient les mêmes effets.

Soyez mince à vie

Il est difficile de posséder toutes les connaissances nécessaires pour être en mesure de maintenir parfaitement bien le poids idéal qu'on a atteint. Si vous les avez, tant mieux. Mais si vous avez besoin d'aide, adressez-vous à votre médecin.

Pour maintenir votre poids, la phase de stabilisation est très importante et même essentielle. D'ailleurs, les organismes de la santé du monde occidental, que ce soit ceux d'Europe de l'Ouest ou d'Amérique du Nord, ont démontré que si vous perdiez 10 kilos, 25 kilos ou 50 kilos et que vous ne vous soumettiez pas à une période de maintien pendant deux ans sous le contrôle d'une équipe médicale ou paramédicale ou des personnes compétentes dans le domaine de l'amaigrissement, vous aviez 95 p. 100 de chances de réengraisser. Il faut vraiment accepter la stabilisation pour rester mince à vie.

En réalité, pour conserver un poids acquis, le contact médecin-patient demeure la meilleure garantie. Il se compose de deux éléments:

1. *Le dialogue alimentaire.* Une fois le poids idéal atteint, le rôle du médecin est fondamental. Il doit aider son patient à acquérir une nouvelle conception de l'alimentation. Il doit l'aider à éliminer de son nouveau régime tout élément punitif. Il doit lui parler de gastronomie et lui prouver qu'il est possible de cuisiner des mets exceptionnels sans grossir.

2. *Le comportement alimentaire.* Le médecin doit aider le patient à changer sa vision de l'acte de manger, même si celui-ci a des composantes affectives, psychologiques et sociales. Manger est un besoin essentiel et vital. Affirmer le contraire consisterait à nier la vie. Il faut donc manger pour vivre, mais non à tout propos, au lieu de régler ses problèmes, comme certaines personnes ont tendance à le faire. En voici un exemple: Vous venez d'atteindre votre poids idéal; vous suivez un régime de 1 500 calories; c'est un beau samedi; vous avez mangé à votre faim et

vous avez aimé ce que vous avez mangé. Une heure plus tard, le téléphone sonne, vous répondez et c'est une mauvaise nouvelle. Vous raccrochez et aussitôt vous vous dirigez vers le garde-manger et vous empiffrez un morceau de gâteau. En réalité, il n'y avait aucune et absolument aucune relation entre le stress provoqué par l'appel téléphonique et la naissance d'une sensation de faim. Et pourtant, vous l'avez quand même mangé. Il s'agit d'un comportement inapproprié parce que, en réalité, il n'y avait strictement aucune relation entre le fait de recevoir une mauvaise nouvelle et celui d'avoir le goût de manger.

Le rôle du médecin est de vous orienter dans le choix de vos aliments et surtout, par des mécanismes précis, de vous aider à les adapter et à les transformer. Son deuxième rôle est de vous démontrer qu'on peut jouir en mangeant.

Jouissez en mangeant

Pourquoi pas! Après tout, c'est votre droit. Tant mieux si vous jouissez. La vie vous prive trop souvent d'occasions de le faire. Faites-le, même au risque de savoir que monsieur Freud se retournera dans sa tombe parce que vous avez le goût de jouir avec vos lèvres et votre bouche à la vue d'un bon plat.

Si vous voulez conserver votre poids idéal à vie, vous devez apprendre à jouir en mangeant, car c'est une condition essentielle pour rester mince. Ne consentez jamais à manger des aliments insipides ou à tomber dans la monotonie du steak-salade. Tous ces aliments qui ne vous plaisent pas, vous accepterez peut-être de les manger pendant quelques semaines ou même pendant quelques mois, mais vous n'irez pas tellement plus loin. Vous reviendrez rapidement à vos anciennes habitudes alimentaires et vous regrossirez.

Non, la solution, c'est de découvrir de nouveaux mets, de nouvelles saveurs et de nouveaux modes de cuisson qui vous permettront, avec raison et parce que vous le méritez, de trouver un nouvel agrément à manger. Il existe maintenant de nombreux livres de recettes minceur qui vous aideront à changer complètement vos habitudes alimentaires non pas pour le pire, mais pour le meilleur. Ce que vous appelez les bonnes choses: pizza, spaghetti, gâteaux, tartes, pâtisseries, etc., ne vaudront jamais le plaisir que procure celui de déguster un bon plat préparé selon le principe de la cuisine minceur. Ainsi vous serez heureux tout en mangeant bien et en conservant le poids que vous aurez atteint.

Si vous voulez conserver votre poids idéal, n'oubliez pas qu'il faut apprendre à jouir en mangeant. La vie est trop courte pour se priver de bonnes choses.

Ne vendez pas la peau de l'ours avant de l'avoir tué

Même si vous êtes maintenant digne d'une Vénus ou d'un Adonis, soyez prudent, car la beauté que vous avez acquise ne durera que le temps d'une rose si vous n'avez pas compris que la bataille est loin d'être gagnée, et qu'elle ne fait que commencer.

Sans exagérer, on peut dire qu'il est dix fois plus difficile de conserver un poids idéal que de perdre des kilos en trop. Il faut en être conscient puisque c'est la raison pour laquelle beaucoup de gens réengraissent après avoir atteint leur poids idéal. Il ne faut pas oublier que vous laissez parfois derrière vous 10, 20, 30 ou même 40 ans d'habitudes alimentaires.

Une fois le poids idéal atteint, il faut le prendre en charge, c'est-à-dire voir à ce qu'il se maintienne. Pour y arriver, vous devez respecter les conditions suivantes:

1. Il faut que vous acceptiez de changer vos habitudes alimentaires.

2. Il faut aussi que vous consentiez à analyser votre comportement lorsque vous avez le *goût de manger*.

Si, jamais, vous éprouviez quelques difficultés à transformer vos habitudes et votre comportement alimentaires, demandez l'aide d'un professionnel de la santé.

Évitez les envies furieuses de sucre

Plusieurs personnes qui ont atteint leur poids normal éprouvent une irrésistible envie de sucre, c'est-à-dire d'aliments sucrés: pâtisseries, bonbons, confitures, chocolat, etc. Ce goût incontrôlable de sucre est avant tout d'ordre physiologique, et non uniquement d'ordre psychologique. Vos cellules graisseuses agissent comme si elles étaient mécontentes d'avoir été dépossédées de leurs réserves et font en sorte de les récupérer par tous les moyens, surtout le plus rapide: l'ingestion de sucre. En effet, ce moyen est le plus puissant, le plus direct puisque le sucre est très vite digéré, qu'il traverse très facilement la barrière intestinale et qu'il se transforme rapidement en graisse grâce au concours de l'insuline. Si vous ne résistez pas aux goûts de sucre et si vous ne prenez pas les moyens pour les éviter, vous réengraisserez de façon spectaculaire.

La reprise de poids n'est pas inéluctable, vous pouvez l'éviter par une réalimentation lente et progressive faite sous surveillance d'une équipe médicale multidisciplinaire. Plusieurs recettes de cuisine minceur, dont celles publiées dans l'un de mes ouvrages précédents intitulé *Recettes de gourmets pour maigrir, seul ou avec l'aide de votre médecin,* vous empêcheront de regrossir et vous aideront à chasser pour toujours les envies furieuses de sucre.

Pour tromper votre faim de sucre, mangez un fruit frais. L'énorme avantage des fruits frais, c'est qu'ils contiennent environ 50 p. 100 de fructose. L'utilité de ce sucre par rapport au sucre ordinaire est bien connue, puisqu'il est assimilé par l'organisme sans faire appel à l'insuline. Par contre, le sucre ordinaire fait engraisser. Pourquoi? La réponse est bien simple: l'ingestion de ce sucre provoque une sécrétion importante d'insuline par le pancréas et cette hormone favorise la conversion rapide du sucre en graisse.

Lorsque vous ressentez un besoin de sucre, n'hésitez donc pas à manger un fruit: une pomme, une pêche, une orange ou un demi-pamplemousse. Ainsi vous mangerez sainement tout en restant mince à vie.

Attention aux quatre «P»!

Bien sûr que le PAIN, les PÂTES, les PÂTISSERIES et les POMMES DE TERRE contiennent les vitamines B1 et B2 ainsi que le magnésium, un sel très important pour la santé. Mais attention, les quatre «P» ne sont pas, pour autant, aussi inoffensifs, puisqu'ils contiennent en très grande quantité des hydrates de carbone capables, s'ils sont mangés sans discernement, de vous faire engraisser de façon importante et rapide. Nous devons savoir qu'aucun des quatre «P» n'est indispensable à notre santé et qu'il est donc possible de s'en priver dans une alimentation équilibrée.

Combien de plats italiens et de gourmandises françaises ont été à l'origine de bourrelets disgracieux au niveau de votre taille et de votre ventre? Combien de larmes avez-vous versées et de combien de regrets avez-vous été pénétré à la suite d'un de ces plaisirs trop courts.

Manger deux ou trois tranches de pain par jour, des pommes de terre trois ou quatre fois par semaine et déguster occasionnellement des spaghetti n'a rien de répréhensible. Si l'on veut rester mince, il n'est pas nécessaire d'éliminer pour la vie toutes ces bonnes choses, il suffit tout simplement d'en user modérément.

N'enviez pas
les goinfres maigres

«Mon mari mange comme un goinfre et il n'engraisse pas. C'est une injustice puisque, moi, je n'ai qu'à regarder un morceau de gâteau pour grossir d'un kilo.» Il y a effectivement au départ une grande injustice. Pourquoi les spaghetti font-ils engraisser certaines personnes, alors que d'autres ne prennent même pas 30 grammes?

C'est une question de métabolisme diront certains, c'est-à-dire que les gens qui ne grossissent pas transforment plus rapidement les aliments en énergie que ceux qui engraissent à vue d'oeil. Mais c'est aussi une question de départ. Au début de leur vie, certains seront nantis de plusieurs centaines de milliards de cellules graisseuses, tandis que d'autres n'en disposeront que d'une quantité plus restreinte. Nous savons maintenant pourquoi. Le nombre de cellules graisseuses se décide au moment de la petite enfance et jusqu'à la fin de l'adolescence. Cette déterminente est finale et définitive. Ce qui veut dire que quoi que vous fassiez, le nombre de cellules que vous possédez, vous les aurez jusqu'à la fin de votre vie.

Cependant, tout n'est pas perdu. Il est possible, même avec une quantité exagérée de cellules graisseuses, de maigrir. Il faut toutefois se rappeler que, au cours de la perte de poids, il n'y aura pas de diminution du nombre des cellules, mais plutôt une diminution de leur volume. Ainsi, elles conserveront toujours leur potentialité d'augmenter de volume et donc de vous faire engraisser. C'est à ce niveau qu'interviennent les nouvelles habitudes alimentaires qui vous permettront de conserver votre poids idéal.

N'enviez pas ceux qui mangent sans discernement et qui se gavent à tout moment de la journée de croustilles, de bonbons, de gâteaux, de chocolat en arrosant tous ces aliments vides de plusieurs bouteilles de boisson gazeuse ou de bière. Devant de tels excès, qui ne font pas grossir ces personnes, vous développez bien sûr un sentiment de jalousie et c'est tout à fait normal. En effet, pour vous et dans votre raisonnement, le seul fait de mal manger devrait faire grossir. Mais il y a beaucoup d'autres maladies qui sont la conséquence d'une mauvaise alimentation.

N'enviez surtout pas ceux qui s'empiffrent puisqu'ils sont souvent gravement malades ou qu'ils sont en train de le devenir. Ils préparent actuellement une ou plusieurs des maladies qui surviennent à la suite d'une mauvaise alimentation: le diabète, l'hypercholestérolémie, l'angine de poitrine, l'infarctus, l'hypertension, l'arthrose, la goutte, les calculs rénaux et bien d'autres.

Envisagez donc la situation dans un état plus positif en vous efforçant, par exemple, de transformer les habitudes de votre famille et de votre entourage. Vous rendrez ainsi bien des gens heureux et en santé.

Ne faites jamais
votre marché le ventre vide

Si vous faites votre marché avant d'avoir mangé, il est sûr que d'une part, votre panier à provisions vous coûtera plus cher et que, d'autre part, il contiendra des aliments engraissants. Faites le test vous-même et vous en serez vite convaincue.

Laissez votre vaisselle de côté et faites votre marché immédiatement après avoir mangé. Vous en verrez toute la différence. Vous serez moins tentée, une fois rassasiée, d'acheter toutes les friandises dont vous avez envie.

Lorsque vous entrez dans un supermarché, il faut jouer d'astuces si vous voulez déjouer les démons qui vous tentent. Un conseil, remplissez au plus vite votre panier de bonnes choses, ainsi, il ne restera plus de place pour les aliments engraissants.

Dans toutes ces allées qui se présentent devant vous, choisissez votre itinéraire:

1. Commencez par celle des légumes.

2. Continuez dans celle des fruits.

3. Arrêtez-vous devant le comptoir de poissons.

4. Engagez-vous dans l'allée des viandes.

5. Arrêtez-vous devant le comptoir des fromages et des produits laitiers.

6. N'oubliez pas les céréales.

7. Ne vous attardez pas trop longtemps dans l'allée des pâtes et celle du pain.

Ainsi, vous ne vous immobiliserez pas devant les gâteaux, les bonbons, les pâtisseries et les boissons gazeuses, puisque votre panier sera archirempli de bonnes choses.

Sachez déchiffrer une étiquette

Vous découvrirez bien des choses en prenant le temps de lire les étiquettes. Et si vous voulez conserver le poids que vous avez eu tant de difficulté à atteindre, vous devrez acquérir la science du déchiffrage des étiquettes.

Il faut presque parfois avoir fait un cours de biochimie ou de médecine pour pouvoir comprendre le charabia des étiquettes apposées sur les produits alimentaires. Il faut donc que vous jouiez de prudence et que vous évitiez tous les aliments dont la description est ambiguë. Autrement, il faut que vous sachiez que:

1. Le sucre peut avoir plusieurs synonymes: le sucrose, le dextrose, le saccharose, le glucose, le fructose, le lactose, le maltose, etc.

2. Les étiquettes sont souvent trompeuses puisque certains produits contiennent beaucoup plus de calories que vous ne le pensez. Lisez bien attentivement celles des soupes et vous constaterez, à votre grande surprise, qu'elles renferment du caramel.

3. Un extrait naturel de fruits n'est pas nécessairement

naturel, puisque très souvent il recèle une quantité importante de sucre raffiné.

Apprendre à lire une étiquette, c'est souvent éviter de consommer plusieurs centaines de calories d'hydrates de carbone au cours d'une journée.

Combien de calories ai-je besoin pour ne pas réengraisser?

Vous en aurez besoin autant que vous en dépenserez pendant une période de 24 heures. C'est une question simple puisque c'est une question d'arithmétique. Si vous mangez 2000 calories et que vous n'en brûlez que 1800 pendant la journée, le reste s'en ira en dessous de votre peau et vous regrossirez graduellement.

Il est difficile d'établir de façon précise le taux quotidien de calories nécessaire à un humain, même si nous savons que, pour une activité physique moyenne, une femme a besoin de 1900 calories et un homme, 2500. Le nombre idéal de calories pour les besoins quotidiens d'un individu dépend de plusieurs facteurs:

1. L'âge. Il est sûr, par exemple, qu'un adolescent en pleine croissance demande plus de calories qu'une personne du troisième âge.

2. Le sexe. Un homme a besoin de plus de calories, puisqu'il doit nourrir une masse musculaire beaucoup plus importante que celle d'une femme.

3. Le travail. Un manoeuvre nécessite plus de calories qu'une secrétaire ou qu'un comptable.

4. L'activité physique. Un sportif devra manger beaucoup plus qu'un individu qui s'écrase devant son téléviseur.

5. La maladie. Une personne alitée demandera très peu de calories comparativement à une personne active.

6. La constante dans les dépenses. Un ouvrier qui travaille durement pendant cinq jours et qui devient

sédentaire durant la fin de semaine doit ajuster son alimentation s'il ne veut pas grossir. Une personne qui, le samedi, pratique de façon intensive un sport pendant trois heures pourra, cette journée-là, manger des aliments plus riches en calories.

Fixer de façon précise et définitive la quantité d'aliments qu'un être humain doit consommer pendant une journée est une tâche quasi impossible. Par mesure de sécurité, il vaut mieux manger moins que ses besoins pendant quelques jours afin de compenser les excès de table que l'on aurait pu faire. Si vous avez du mal à vous stabiliser, demandez l'aide de votre médecin.

Soyez aux aguets

Bien sûr, vous êtes heureux et comblé d'avoir atteint votre poids idéal et votre vie, de morne qu'elle était, est devenue, en l'espace de quelques semaines, toute remplie d'espoirs, de découvertes et de projets. Mais attention! Soyez vigilant, puisque la minceur que vous avez acquise peut vous être dérobée à tout moment et à n'importe quelle occasion.

Vous devez commencer à vous alarmer dès que vous vous sentez plus serrée dans votre pantalon, votre robe ou votre maillot. N'attendez surtout pas au lendemain pour reprendre votre régime, puisque vous vous orienteriez vers une catastrophe certaine.

Vous avez peut-être fait quelques abus qui vous ont fait glisser sur le mauvais côté de la pente, mais il est possible, en peu de temps, de retrouver votre poids idéal. Avant de reprendre votre régime, voici ce que vous devrez manger pendant 3 jours:

o au lever: 2 grands verres d'eau

o au petit déjeuner: 1 verre de jus d'orange non sucré
1 oeuf cuit sans gras ou 30 g de fromage maigre
2 tranches de pain séché
1 café ou 1 thé sans sucre

- dans l'avant-midi: 2 grands verres d'eau
- au dîner: 1 steak grillé
    1 salade de laitue avec citron, poivre et un peu de sel
    2 tranches de pain séché
    1 pomme
    1 café ou un thé sans sucre
- dans l'après-midi: 2 grands verre d'eau
- au souper: 1 steak grillé
    1 portion d'haricots verts ou jaunes, cuits à l'eau
    1 salade de laitue avec citron, poivre et un peu de sel
    1 pomme
    1 café ou un thé sans sucre
- dans la soirée: 2 grands verres d'eau
    1 branche de céleri

N.B.: N'ingérez aucun autre aliment et ne faites jamais ce régime plus de trois jours.

Si, après ces trois jours, il vous reste encore 2 kilos à perdre, reprenez votre régime de croisière tout en consultant votre médecin.

Acceptez le corps que vous venez de façonner

Il est beau, il est harmonieux, il est gracieux, il est mince, il est heureux et il est satisfait ce corps que vous venez de façonner de vos propres efforts. Admirez-le, et avec raison, puisqu'il fait l'envie de votre entourage qui n'en peut plus de vous voir vous réjouir d'être mince. Soyez heureux puisque c'est le résultat de vos performances et que vous seul en êtes l'artisan.

Acceptez bien cette image corporelle puisqu'elle vous rend heureux et que vous vous sentez bien dans votre peau. C'est l'aboutissement de votre travail, de votre discipline et de votre détermination. Et vous le méritez.

146

Ne soyez pas au régime pour la vie

Est-ce que je serai au régime jusqu'à la fin de ma vie? C'est là une question importante que souvent les patients posent, avec une inquiétude bien légitime, à leur médecin.

Si vous tentez d'éliminer de votre vocabulaire les mots «régime» et «diète», la réponse devient beaucoup plus simple. Entreprendre la voie qui, graduellement, vous orientera vers une alimentation saine et équilibrée et vers une cuisine nouvelle, simple et savoureuse vous permettant de découvrir le vrai goût des aliments et de satisfaire vos besoins, voilà la façon idéale de conserver toute votre vie votre poids idéal.

Ne donnez pas un sens punitif à votre nouvelle alimentation. Ne la regardez pas comme une corvée que vous aurez à subir jusqu'à la fin de vos jours. Si c'est la façon dont vous acceptez vos nouvelles habitudes alimentaires, vous réengraisserez, c'est sûr. Les aliments qui vous avaient fait engraisser vous feront grossir de nouveau si vous recommencez à les remanger au même rythme et à la même fréquence qu'auparavant. Nous savons tous qu'avec la même cause on obtient les mêmes effets.

Le réapprentissage alimentaire que vous devez faire après avoir maigri doit comporter, pour être efficace, sensiblement les mêmes aliments qui vous ont permis d'atteindre votre poids idéal. Par contre, vous aurez droit à de nouveaux modes de cuisson, et plusieurs aliments, qui vous étaient interdits durant votre cure d'amaigrissement, vous seront autorisés à l'avenir. Un jour, et de façon progressive vous aurez droit de manger des pâtes, du pain, du riz et bien d'autres choses. Vous pourrez également, si vous le voulez, accompagner votre repas d'un peu de vin. Votre médecin, par ses suggestions, vous démontrera que les mets diététiques gastronomiques sont meilleurs gustativement que les mets engraissants

Il s'agit de découvrir des plaisirs alimentaires nouveaux pour s'apercevoir que rester mince à vie n'est
pas une punition, mais bien une façon d'être heureux.

Restez mince
sans souffrir

Vos désirs sont devenus des réalités. Vous venez,
après tant d'efforts, mais aussi après tant de détermination, de toucher le but: vous êtes mince, vous êtes en
forme, vous êtes fière (ou fier) de vos performances et,
ce qui est très encourageant, vous ne voulez plus engraisser. Faut-il pour cela que vous vous priviez jusqu'à la fin de vos jours? Sûrement pas. Du moins, je
l'espère. Vous n'avez qu'une vie à vivre et si je peux
me permettre un conseil, vivez-la donc à votre goût et
dans le bonheur.

Vous venez de gagner une bataille durement li-
vrée. Pourquoi laisseriez-vous votre ennemie, la tristesse, vous envahir? Rester mince n'est pas une chose
triste. Cela dépend dans quelle optique vous entre-
voyez l'avenir. Si vous avez choisi d'être heureux, vous
ne considérerez pas comme une punition le fait de
manger différemment des autres. Au contraire, si vous
mijotez un ragoût de poisson aux petits légumes frais
parfumé de quelques fines herbes, si vous faites griller
des côtelettes d'agneau que vous mangez accompa-
gnées d'une compote d'oignons à la menthe fraîche, ou
si vous faites cuire une tranche de foie au poivre vert
en l'arrosant d'un peu de citron, attention! Cette nouvelle façon de vous alimenter, que nous appelons cu-
rieusement un régime, fera l'envie des autres.

Votre entourage comprendra facilement et envieu-
sement que vous ne vous éloignez pas des plaisirs de la
table, mais que, bien au contraire, vous mangez déli-
cieusement tout en demeurant mince, dans la sérénité
et sans souffrir.

Cultivez
vos talents d'orateur

Il suffit de s'occuper pour se distraire et ne pas penser. Parler est une occupation fort importante qui peut vous faire oublier de manger sinon de manger trop vite. Voici quelques conseils :

1. Trouvez des sujets de conversation qui vous permettront d'entretenir le dialogue à table.
2. Abordez des points d'actualité.
3. Défendez vos opinions.
4. Ne laissez pas languir la conversation.

Voilà autant de moyens qui vous permettront de moins manger et qui vous occuperont tout en vous faisant oublier les aliments dont vous étiez probablement esclaves.

Attendez
avant de devenir enceinte

Beaucoup de jeunes femmes, qui veulent avoir un enfant, viennent me consulter parce qu'elles craignent que leur embonpoint nuise à leur grossesse. Elles ont raison puisqu'elles peuvent mettre en danger non seulement la vie de leur enfant, mais aussi la leur.

Vous voulez avoir un bébé en santé avec une mère bien renseignée sur l'alimentation ? Prenez le temps de maigrir, d'atteindre votre poids idéal et de le conserver. Attendez au moins six mois après avoir atteint le poids recommandé pour devenir enceinte et faites-vous suivre, pendant votre grossesse, par une équipe médicale dont le rôle sera de vous aider à ne pas grossir. Ainsi, vous mettrez au monde un enfant sain et plein de vigueur.

Pour rester mince,
devenez philosophe

Vous venez tout juste d'apprécier le plaisir d'être mince, vous vous sentez bien dans votre peau et le bonheur qui vous envahit est en train de transformer toute votre vie.

Vous savez maintenant que la façon dont vous vous nourrissiez auparavant était néfaste pour votre taille et votre santé, puisque vous souffliez à pleine vapeur en montant les escaliers et que vos vêtements éclataient sur vous.

Dites-vous que les bonnes habitudes alimentaires que vous avez acquises font maintenant partie de vos activités quotidiennes et qu'elles correspondent à une façon de manger qui est devenue pour vous tout à fait normale. Vous ne voyez plus cette manière de vous nourrir comme une punition, mais plutôt comme une façon d'être heureux puisque vous avez découvert de nouvelles saveurs et de nouveaux mets qui vous comblent de joie.

Dégustez maintenant le plaisir d'avoir une belle taille et de vous sentir en forme. Le bien-être que vous en retirerez vous aidera à acquérir une force de résistance imbattable devant les ennemis de votre minceur.

Devenez écrivain

L'un des meilleurs trucs, pour rester mince à jamais, consiste à garder sur vous, pour le reste de votre vie, un petit carnet dans lequel vous noterez quotidiennement et à chaque repas tous les aliments que vous aurez mangés.

Cette excellente idée nous vient du docteur Peter Lidner, célèbre spécialiste américain de l'amaigrissement qui, après avoir perdu beaucoup de poids, a affirmé que ce truc était l'un des meilleurs au monde pour conserver à vie le poids que l'on a atteint.

Cette initiative peut vous apporter plusieurs avantages. Les voici:

1. Vous connaîtrez la quantité exacte des aliments que vous aurez mangés.
2. Vous prendrez conscience de la qualité des aliments que vous aurez ingérés.
3. Vous découvrirez le nombre de calories que vous aurez absorbées.
4. Vous vous imposerez une discipline dont vous avez peut-être besoin.

Ce truc simple vous fournira d'utiles renseignements sur le bien-fondé de votre alimentation et vous aidera, en même temps, à renforcer votre motivation.

Devenez un éducateur

Maintenant que vous avez atteint votre poids idéal, que vous avez réussi à le conserver, que vous êtes heureux et convaincu de la valeur de votre décision, pourquoi ne deviendriez-vous pas un éducateur? Si, actuellement, vous « dégustez » le plaisir de vous sentir bien dans votre peau, grâce à vos efforts, pourquoi ne partageriez-vous pas le bonheur que vous ressentez? Faites profiter les autres de vos expériences personnelles:

1. Renseignez-les sur le régime que votre médecin vous a prescrit.
2. Parlez-leur des bienfaits de votre amaigrissement.
3. Faites-leur part de votre joie d'être mince.
4. Enseignez-leur vos recettes minceur.
5. Apprenez-leur à recevoir sans présenter à leurs invités des mets engraissants.
6. Faites-leur partager vos plaisirs de la table et vos expériences gastronomiques.
7. Apprenez-leur, à la lumière de votre bonheur, à voir les choses autrement.

Ainsi, vous rendrez votre entourage heureux, vous lui éviterez de nombreuses maladies et vous apprendrez à devenir un éducateur.

Table des matières

6 - Décernez-vous un diplôme puisque vous êtes maintenant un psychologue

7 - Maintenir, c'est le défi que vous devez relever, mais tout est possible

Notes

Notes